Georg von Hertling
Georg Freiherr von Hertling - Recht, Staat und Gesellschaft

edition militaris

ISBN: 978-3-96389-023-9
Druck: edition militaris, 2018
Die edition militaris ist ein Imprint der Diplomica Verlag GmbH.

© edition militaris, 2018
http://www.diplomica-verlag.de
Printed in Germany
Alle Rechte vorbehalten.
Die edition militaris übernimmt keine juristische Verantwortung oder irgendeine Haftung für evtl. fehlerhafte Angaben und deren Folgen. Der Inhalt ist im historischen Kontext zu lesen.

Georg von Hertling

Georg Freiherr von Hertling - Recht, Staat und Gesellschaft

Inhalt

Einleitung 11

Erstes Kapitel: Die sittliche Ordnung 25

Zweites Kapitel: Das Recht 38

Drittes Kapitel: Der Staat 56

Viertes Kapitel: Der Staat und die Rechtsordnung 74

Fünftes Kapitel: Der Staat und die Rechtsordnung (Fortsetzung)...93

Sechstes Kapitel: Die rechtliche Ordnung des Staates 115

Siebentes Kapitel: Staat und Gesellschaft 130

Einleitung

Im letzten Drittel des vergangenen Jahrhunderts begann man in Deutschland sich ernsthafter mit der sozialen Frage zu beschäftigen. Man dachte dabei ausschließlich an die Notlage der industriellen Lohnarbeiter, welche die Entwicklung der modernen Großindustrie mit Maschinenarbeit und Massenproduktion allerorten nach sich gezogen hatte. Aber es dauerte noch längere Zeit bis an maßgebenden Stellen, bei den Regierungen und den parlamentarischen Körperschaften, die Einsicht durchbrach, daß hier neue und schwierige Aufgaben des staatlichen Lebens ihrer Lösung harrten. War doch die Gesetzgebung bis dahin völlig beherrscht von den Gedanken des ökonomischen Liberalismus, der es als höchste Weisheit empfahl, dem freien Spiel der Kräfte auf dem gesamten Wirtschaftsgebiete möglichst breiten Raum zu lassen. Und auch solche, welche in menschenfreundlicher Absicht die Aufmerksamkeit weiter Kreise auf die betrübenden oder erschreckenden Begleiterscheinungen des Industrialismus zu richten bemüht waren, wollten doch von einem Eingreifen der staatlichen Gesetzgebung nichts wissen, sondern [er]hofften [sich][1] Abhilfe von der freien Liebestätigkeit, von der Kirche oder auch von Wohlfahrtseinrichtungen verständiger und weitblickender Unternehmer. Sie fürchteten, daß der Zuwachs an Macht, welchen die Ausdehnung ihrer Kompetenz auf das Gebiet des Wirtschaftslebens der staatlichen Autorität einbringen müßte, sich alsbald auch nach anderen Richtungen hin fühlbar machen und die Selbständigkeit der Individuen wie der vom Staate unabhängigen Korporationen bedrohen würde. Das System des *Laissez aller* aufgeben galt auch ihnen für gleichbedeutend mit dem Einlenken in die verderblichen Bahnen des Staatssozialismus. Sie wollten an dem Gedanken des Rechtsstaates festhalten, der seiner Pflicht genügt, wenn er die Rechtssicherheit wahrt.

Von diesen sonderte sich demnächst eine andere Gruppe ab, welche zwar dem Extrem des Staatssozialismus gleichmäßig ablehnend

---

[1] Wort(teile) in Klammern durch Lektor ergänzt

gegenüberstand, unter gewissen Vorbehalten aber und innerhalb gewisser Grenzen das Eingreifen der staatlichen Gesetzgebung zur Beseitigung der hervorgetretenen Übelstände für zulässig und geboten erachtete. Auch sie wollte von einer Rückkehr zum alten Polizeistaat und seiner Bevormundung nichts wissen und schreckte davor zurück, die staatliche Autorität mit Zwangsbefugnissen auszustatten, wo es sich nicht um den Schutz des Rechts handelt, aber der Inhalt des Rechts schien ihr nur unvollkommen erfaßt und einer allseitigeren Entwicklung bedürftig. Der Staat, so führte man hier aus, dürfe sich nicht damit begnügen, nur dafür einzutreten, daß der Arbeitsvertrag gehalten und der Arbeiter nicht um den ausbedungenen Lohn betrogen werde, vielmehr müsse er in viel weiterem Umfange die Rechte der Arbeiter schützen, wozu diese aus eigener Kraft nicht imstande seien. Machtlos, weil besitzlos, stehe der einzelne dem Unternehmer gegenüber. Genötigt, seinen und der Seinigen Lebensunterhalt zu erwerben, müsse er die Arbeit nehmen, wie er sie findet, ohne auf die Arbeitsbedingungen einen Einfluß ausüben zu können. Der Staat schütze Leben und Gesundheit seiner Bürger, indem er jeden feindlichen Eingriff mit schwerer Strafe belegt. Er müsse auch die Schädigung hintanhalten, womit eine zu lange Ausdehnung der Arbeitszeit, die Beschäftigung in ungesunden Räumen, die Hantierung mit gefährlichen Maschinen oder gefährlichen Stoffen den erwachsenen Industriearbeiter bedroht. Er müsse nicht minder dafür sorgen, daß nicht dem Arbeiterkinde durch frühzeitige Heranziehung zur Fabrikarbeit sein Recht auf physische und geistige Entwicklung und sittlich-religiöse Erziehung verkümmert werde. Er müsse die Familie, dieses ursprüngliche soziale Gebilde mit eigenem Rechte, durch feste Gesetzesschranken sichern, damit nicht die Nachfrage nach billigen Arbeitskräften ihre Glieder auseinanderreiße und ihr Leben unterbinde. Im Naturrecht glaubte man die feste Basis für eine ebenso fruchtbare als besonnene Sozialpolitik gefunden zu haben. Ein sorgfältig abgewogenes System von Präventivmaßregeln sollte sie zur Geltung bringen. Eine Arbeiterschutzgesetzgebung erschien als die allseitig durchgeführte und in die Praxis übersetzte Anerkennung des Rechts auf Existenz.

Es war ein kleines Häuflein von Doktrinären, welches von allgemeinen Erwägungen ausgehend, ohne in die Interessensphäre eines besonderen Standes eingeschlossen zu sein, seit dem Ende der siebziger Jahre diesen Standpunkt im deutschen Reichstage vertrat und in Anträgen und Interpellationen zum Ausdruck brachte. Sie glaubten auch dann noch an demselben festhalten zu können, als an einem bedeutsamen Wendepunkte seiner Politik Fürst Bismarck die Arbeiterfürsorge in sein Programm aufnahm. Zum Arbeiterschutze zwar verhielt er sich die längste Zeit skeptisch, ja unfreundlich. Mit um so größerer Energie hatte er den Gedanken der Arbeiterversicherung aufgenommen. Nicht vernachlässigte Rechte wollte er zur Anerkennung bringen, sondern durch gespendete Wohltaten die wirtschaftlich Schwachen oder Notleidenden an den Staat fesseln.

Die ersten Schritte ließen den Gegensatz noch nicht in voller Schärfe hervortreten. Die Zwangsversicherung der Industriearbeiter gegen Betriebsunfälle, wie sie zuerst im Jahre 1881 dem Reichstage zur Annahme vorgeschlagen wurde, konnte auch von jenem doktrinären Standpunkte aus sehr wohl gefordert und begründet werden. Wer die Kraft des gesunden Arbeiters zum eigenen Vorteile verwertet, wer ihn dabei der Gefahr aussetzt, welche der maschinelle Großbetrieb mit sich bringt, muß der nicht dafür aufkommen, wenn der Arbeiter verunglückt, wenn er teilweise oder völlig erwerbsunfähig wird? Wälzt er nicht die Verpflichtung, die ihn trifft, auf unbeteiligte Dritte ab, indem er den Unterhalt des Verunglückten und seiner Familie der öffentlichen Armenunterstützung überläßt? Freilich, – es kann auch Verschulden des Arbeiters im Spiele gewesen sein oder ein unglückliches Zusammentreffen von Umständen, welches keinem einzelnen zur Last gelegt werden kann. Es wäre unbillig, wenn in solchen Fällen der einzelne Unternehmer den vollen Schadensersatz zu leisten hätte. Darum eben empfahl sich der Weg der Versicherung. Die Schäden, gegen welche Vorsorge zu treffen ist, bedrohen gleichmäßig alle Unternehmer, in deren Betrieben unter Verwendung von Maschinen zahlreiche Arbeiter eng nebeneinander bei durchgeführter Arbeitsteilung mit einförmigen Hantierungen beschäftigt sind. Täglich und überall können sich Betriebsunfälle ereignen, heute trifft er das eine, morgen das andere Unternehmen. Darum muß man die sämtlichen solidarisch dafür haftbar machen. In festen Jahresbeiträgen soll ein jeder seinen Anteil an dem gemeinsamen Risiko betätigen, damit alsdann die Gesamtheit für den Schaden aufkommt, welcher da und dort wirklich entstanden ist. Handelte es sich sonach um die Sicherung rechtlicher Ansprüche, um die Durchsetzung rechtlicher Verpflichtungen, so konnten auch die Gegner des Staatssozialismus sich bereit finden, die Zwangsgewalt des Staats dafür anzurufen.

Die Brücke, die von ihrem Standpunkte zu der vorgeschlagenen und einige Jahre später auch beschlossenen gesetzgeberischen Maßregel hinüberführte, war schmal, aber die Gefahr, die von Anfang an bestand, war nicht die, daß der Übergang nicht gefunden worden wäre, sondern die andere, daß, nachdem er einmal gewonnen war, die tatsächlichen Voraussetzungen wie die theoretischen Erwägungen vergessen wurden, die allein ihn ermöglicht hatten. Und so ist es in der Tat gekommen. Jener Doktrinarismus, der noch ganz erfüllt war von der Wertschätzung der individuellen Freiheit und einer Einschränkung derselben nur zustimmen wollte, soweit sie im Namen des Rechts erfolgte, wurde rasch überholt. Die von dem Fürsten Bismarck inaugurierte Sozialpolitik behauptete das Feld. Die Arbeiterversicherung wurde von den Industriearbeitern auf die gesamte arbeitende Bevölkerung übertragen, unbekümmert darum, ob hier überall eine scharfe Grenze zwischen Unternehmern und Arbeitern sich finden ließ. Man stimmte dem Staatszwange zu, auch wo seine Rechtfertigung nicht darin bestand, daß die Verpflichtungen der Unternehmer gegen ihre Arbeiter sicherzustellen waren, sondern zwang auch kleine Arbeitgeber, sich zu versichern, obgleich ein Rechtsgrund in dem früher erörterten Sinne hierfür nicht angegeben werden konnte. Durch den Staatszuschuß bei der Invalidenversicherung endlich wurde ein Teil der Arbeiterfürforge der Allgemeinheit aufgebürdet, was eine Entlastung der Arbeitgeber bedeutete. Grundsätzlich war damit der Übergang zum Staatssozialismus vollzogen. Die Frage konnte in Zukunft nicht mehr sein, ob die staatliche Autorität zwingen dürfe, sondern nur, wann und wo und wieweit sie zwingen solle, um irgendwelche nützliche Zwecke zu erreichen. Die Entscheidung hierüber ist nicht Sache logischer Schlußfolgerung, sondern Sache des Willens und der Tat. Dem Kampfe widerstreitender Interessen ist die Bahn völlig freigegeben. Den Sieg wird erringen, wer über die stärkste Kraft verfügt.

Es ist müßig, darüber zu streiten, ob Fürst Bismarck seine Politik der Arbeiterfürsorge begonnen hätte ohne das Auftreten der Sozialdemokratie. Sicher ist nur, daß er sich täuschte, wenn er damit die Hoffnung verband, der letzteren den Wind aus den Segeln zu nehmen. Er hatte einst den Wunsch ausgesprochen, daß ihre Vertreter in genügend großer Anzahl im Reichstage erscheinen möchten, um selbständige Anträge stellen zu können. Heute bilden sie dort die zweitstärkste Partei. Im Juni 1903 haben drei Millionen Wähler ihr die Stimme gegeben. In bewußter Einseitigkeit, mit absichtlicher Schroffheit vertritt sie die Interessen der Arbeiter, genauer die der industriellen Lohnarbeiter. Die Versuche, auch die ländliche Arbeiterschaft in ihre Reihen einzubeziehen, haben bisher nur wenig Erfolg gehabt. Zu den wirtschaftlichen Aspirationen sind längst die politischen hinzugetreten. Die sozialistische Partei will zur Macht gelangen, um alle staatlichen und gesellschaftlichen Einrichtungen im Sinne und Geist des Proletariats, zugunsten der breiten Masse, umzuwandeln. Auf friedlichem Wege, so versichern die einen; mit Gewalt, drohen die andern.

Unter ihren Gegnern stehen die großen Arbeitgeber in vorderster Reihe, die Industriemagnaten und Grubenbesitzer. Das gleiche, direkte und geheime Wahlrecht läßt ihre Macht in der Öffentlichkeit zurücktreten, hat sie wohl auch tatsächlich eingeschränkt, aber sie bleibt noch immer groß genug, und die moderne Syndikatsbewegung hat sie neuerdings erheblich gesteigert. Die meisten von ihnen sind bereit, durch Wohlfahrtseinrichtungen aller Art die wirtschaftliche Lage ihrer Arbeiter zu verbessern, aber zugleich wehren sie sich energisch gegen staatliche Maßregeln, durch die sie genötigt würden, in der korporativ zusammengeschlossenen Arbeiterschaft einen gleichwertigen Machtfaktor zu erblicken. Sie wollen Herren in ihrem Hause bleiben. In dem stolzen Bewußtsein, daß ihrem Kapital und ihrem Unternehmungsgeist der Aufschwung der Industrie zu danken ist, und daß in der Gegenwart vor allem eine blühende Industrie den Reichtum eines Volkes begründet, wollen sie grundsätzlich an der heutigen Staatsordnung nicht rütteln lassen, unter deren Schutz allein jene Blüte sich entwickeln konnte, verlangen aber auch andererseits, daß der Staat ihre Bedürfnisse berücksichtige oder geradezu ihre Interessen fördere. Ohne in diesen spezifischen Gedankengang einzugehen, schließen sich ihnen in der Gegnerschaft gegen die Sozialdemokratie alle diejenigen an, welche aus Interesse, Gewohnheit oder Überzeugung die bestehenden Verhältnisse aufrecht erhalten wollen. Das sind in der Hauptsache die Landwirte, große Grundbesitzer und kleine Bauern, mit ihnen die Beamten und Militärs und die anderen Kreise, die mit ihnen zusammenhängen. Für diese ist der Gegensatz zunächst ein politischer. Wirtschaftliche Fragen liegen den einen fern, die anderen haben ihre eigenen Sorgen und Wünsche, welche denen der Sozialdemokratie vielfach diametral entgegenlaufen.

Wenn nun aber gerade dies die Macht der sozialdemokratischen Partei begründet, daß sie die wirtschaftlichen Forderungen eines geschlossenen Standes zum Ausgangspunkte nimmt, so liegt der Gedanke nahe, durch eine Politik, welche diesen Forderungen nach Möglichkeit gerecht wird, ihre Macht zu schwächen. Einer solchen Politik werden alle die bereitwillig zustimmen, welche in menschenfreundlicher Gesinnung den Arbeitern eine Besserung ihrer materiellen Lage und ihrer Lebensbedingungen wünschen. Für diese haben gesetzgeberische oder administrative Maßregeln, welche direkt oder indirekt hierauf gerichtet sind, ihren Wert in sich selbst, nicht nur um jener politischen Zweckbestimmung willen. Aber auch sie werden im politischen Kampfe den Arbeitern vorstellen, daß die Erfüllung ihrer berechtigten Forderungen weit eher von den arbeiterfreundlich gesinnten bürgerlichen Parteien zu erwarten ist als von der unerreichbaren Zielen nachstrebenden Sozialdemokratie. Zwei Schwierigkeiten aber begegnen auf diesem Wege und verhindern eine Verständigung.

Zunächst erhebt sich die Frage, welche Forderungen denn als berechtigte zu gelten haben? Man konnte hoffen, einen festen Maßstab hierfür zu besitzen, solange man sich vorsetzte, die natürlichen Rechte in dem früher erörterten Sinne zu schützen. Alsdann ergab sich, was beispielsweise die Forderung einer Verkürzung der Arbeitszeit betrifft, daß die Arbeiter nicht gehalten werden dürfen, länger zu arbeiten, als der durchschnittlichen Leistungsfähigkeit eines erwachsenen Mannes, ohne Schädigung seiner Gesundheit, entspricht. So konnte man dazu kommen, die gesetzliche Festlegung eines Maximalarbeitstages zu verlangen von zehn oder höchstens elf Stunden. Aber das Parteiprogramm der Sozialdemokratie geht viel weiter. Selbst der achtstündige Normalarbeitstag gilt hier nur als vorläufige Abschlagszahlung. Und wer wollte es dem Arbeiter nicht gerne gönnen, daß er durch Verkürzung der Fronarbeit im Dienste und zum Vorteile des Unternehmers Zeit gewänne für angemessene Erholung, für geistige Fortbildung, für das Leben in der Familie, für nützliche und erfreuende Nebenbeschäftigung? Aber natürlich dürfte die Verkürzung der Arbeitszeit nicht zugleich eine Verminderung des Einkommens für den Arbeiter bedeuten, denn vor allem muß er leben, er und seine Familie. Möglich ist die Verkürzung somit nur durch eine Mehrbelastung der Unternehmer. Denn wenn es auch feststeht, daß Arbeitszeit und Arbeitsleistung nicht gleichen Schritt gehen und daß insbesondere die übermäßige Ausdehnung der erstern sich stets als eine wirtschaftlich verfehlte Maßregel herausstellen wird, so gilt doch umgekehrt nur innerhalb gewisser Grenzen und in verschiedenem Maße für die verschiedenen Industriezweige, daß die Verkürzung der Arbeitszeit die Leistung steigert. Schon bald ist der Punkt erreicht, wo dies nicht mehr der Fall ist, und der Ausfall nur durch Einstellung einer größeren Zahl von Arbeitern, also durch gesteigerte Lohnaufwendung gedeckt werden kann. Wer nicht einseitig auf das Interesse der Arbeiter eingeschworen ist, wird versuchen, eine mittlere Linie zu finden, bei welcher der Unternehmer bestehen kann, und der Arbeiter seine Rechnung findet. Dann wird er vermutlich erleben, daß seine Vorschläge ihm den Zorn der einen eintragen, ohne ihm den Dank der andern zu erwerben. In dem Wettbewerb um die Gunst der Arbeiter wird die Sozialdemokratie stets im Vorteile sein, da sie bei ihren Forderungen und Verheißungen keinerlei Rücksicht auf andere Bevölkerungsteile zu nehmen braucht.

Aber das ist nicht das schlimmste. Wenn es sich nur um ein Mehr oder Weniger handelte, nur darum, die wirtschaftliche Lage der Arbeiter zu bessern, ihre Stellung den Arbeitgebern gegenüber zu verstärken, ihnen einen größeren Anteil an dem Ertrag der Produktion zu sichern, so könnte man immerhin hoffen, mit einsichtigen Arbeitern zu einer Verständigung zu gelangen. Aber damit wird der entscheidende Punkt schon lange nicht mehr getroffen. Das Parteiprogramm der Sozialdemokratie beschränkt sich nicht auf Forderungen, deren Erfüllung auch auf dem Boden der heutigen Staats- und Gesellschaftsordnung möglich wäre. Politische Fragen sind Machtfragen, das politische Programm der Sozialdemokratie zielt auf die Lösung der letzten aller Machtfragen. Sie will die Herrschaft beseitigen, welche der Besitzende der Natur der Sache nach über den Nichtbesitzenden ausübt, und das Proletariat emanzipieren, indem sie jedes Sondereigentum an anderen als verbrauchbaren Sachen abschafft. Damit wäre der Unterschied zwischen Arbeiter und Arbeitgeber aufgehoben und dem ersteren die Aussicht auf den vollen Ertrag seiner Arbeit, ohne Abzug von Unternehmergewinn, eröffnet. Dann gäbe es nicht Arme und Reiche mehr; mit der allgemeinen Arbeitspflicht verbände sich für alle der gleiche Anspruch auf die Genüsse des Lebens. Dann wäre endlich die Jahrtausende alte Ungerechtigkeit verschwunden, daß die große Masse der Menschheit bei schwerer Arbeit darbt, während eine kleine Minderheit mühelos die Früchte erntet, die sie nicht gesät hat. Dann gäbe es keine ehrgeizigen Fürsten mehr, welche ihre Völker in sinnlose Kriege verwickeln, deren Erfolg im besten Falle wiederum nur den Herrschenden und Besitzenden zugute kommt, und die Milliarden, welche die heutigen Staaten für ihre Kriegsrüstung ausgeben, könnten zur Besserung des Volkswohls nach der materiellen wie nach der geistigen Seite verwendet werden.

An die Stelle der sozialen Frage, wie man sie vor dreißig Jahren verstand, ist die Frage des Sozialismus getreten. Die liberale Theorie wollte die Einmischung des Staats in das Wirtschaftsleben tunlichst beschränken, der Sozialismus will das gesamte Wirtschaftsleben von Staats wegen autoritativ geregelt wissen. Zu aller Zeit galt die rechtliche Sicherung des Privateigentums als die erste Aufgabe, aber auch als die festeste Stütze der Staats- und Gesellschaftsordnung. Zu einem großen Teile ist die bisherige Rechtsentwicklung darin ausgegangen, dasselbe immer vollständiger und allseitiger zu schützen. Es galt als unantastbar, als heilig, mehr als die Ehre, die Sittlichkeit, die Religion. Der Sozialismus dagegen erklärt das Privateigentum an Produktionsmitteln für einen Raub, den die Minorität an der großen Mehrheit begangen hat und fortwährend begeht; er sieht in ihm das Bollwerk, durch welches diese Minorität ihre Herrschaft über die breite Masse des Volkes begründet und befestigt. Daher reklamiert er die Produktionsmittel für die Gesamtheit. Grund und Boden, Bergwerke, Gebäude, Maschinen und Rohstoffe aller Art sollen in Kollektiveigentum übergeführt werden, sollen in Zukunft dem Staate oder der Gemeinde gehören. Das ist die eigentliche, die grundlegende Forderung des Programms, auf welchem sich allein in Deutschland eine Partei von Hunderttausenden von entschlossenen Anhängern zusammengefunden hat.

Was sie verbindet, ist vor allem der Haß gegen die bestehenden Verhältnisse. Sie machen keinen Unterschied zwischen den verschiedenen Gruppen der Gegner, sondern sehen in ihnen allen nur die privilegierten Ausbeuter, die durch fremde Arbeit leben und reichwerden wollen. In den staatlichen Organen erblicken sie nur die Geschäftsführer der herrschenden Klasse, durch deren Interessen gleichmäßig Gesetzgebung, Verwaltung und Justiz diktiert werden. Dies alles wollen sie daher reformiert oder vielmehr von Grund aus neu gemacht wissen, so wie es den Interessen der Gesamtheit, des Volks, entspricht. Aber die Gewohnheit ist eine starke Stütze. Die Menschen hängen an dem, was von jeher gewesen ist. In stumpfer Befangenheit schleppen sie die Lasten weiter, welche List oder Gewalt früherer Geschlechter ihnen aufgebürdet hat. So muß der politischen Umwälzung eine Befreiung der Geister vorangehen! Daher Krieg gegen die Kirche, die wie keine andere Institution die Geister knechtet! Sie war in den vergangenen Jahrhunderten aufs engste mit dem Feudalsystem verschwistert, sie war die getreue Helferin des Absolutismus, sie ist auch heute die Verbündete der herrschenden und besitzenden Klasse. Freilich, nach den Absichten des Stifters der christlichen Religion sollte das nicht so sein; er liebte die Armen und rief sein Wehe aus über die Reichen. Aber seine volksfreundliche Lehre ist längst bis zur Unkenntlichkeit entstellt. Und zudem ist sie zur Befreiung der Geister, zum Kampf der Gegenwart nichts nütze. Denn die christliche Religion ist eine Religion der Jenseitigkeit. Sie predigt Entsagung, geduldige Ergebung in den Willen Gottes und verheißt für die Mühen und Entbehrungen des irdischen Lebens himmlischen Lohn. Davon wollen die Verkünder des neuen, sozialistischen Evangeliums nichts wissen. Im Gegenteil! Die Hoffnung auf ein problematisches Jenseits soll die arbeitende Bevölkerung nicht länger um die Genüsse des Diesseits betrügen. Darum predigen sie statt Entsagung energisches Verlangen nach den Gütern der Erde, statt Ergebung skrupellose Auflehnung gegen die bisherige Vergewaltigung. Begierig greifen sie nach den Waffen, welche eine vermeintliche Wissenschaft ihnen liefern muß, um mit ihrer Hilfe zu zerstören, was an religiösen Vorstellungen und Erinnerungen im Bewußtsein der Genossen vorhanden ist. Es wäre abgeschmackt und lächerlich, wäre es nicht überaus traurig und beschämend, wenn man erlebt, daß Leute ohne jede Durchbildung, ohne wirkliches Wissen sich mit aufgelesenen Fetzen drapieren und als Vertreter einer höheren Einsicht, einer weiter vorgeschrittenen Denkweise aufzutreten wagen. Sie haben Häckels Welträtsel gelesen und reden von Monismus, ohne auch nur zu ahnen, daß das Schlagwort die Probleme verdeckt, statt eine Anleitung zu ihrer Lösung zu geben. Von allen verderblichen Folgen der sozialistischen Agitation ist die verderblichste, daß sie weite Kreise des arbeitenden Volkes dem platten Materialismus ausgeliefert hat. Dagegen verschlägt auch der Satz des Erfurter Programms nichts, wonach Religion Privatsache sein soll, so daß der Schein erweckt wird, als solle dem religiösen Denken und Empfinden des einzelnen freier Raum gelassen werden. Die sozialistische Agitation kann die materialistische Weltanschauung nicht entbehren, mag auch die materialistische Geschichtsphilosophie, wie sie von Karl Marx formuliert worden ist, aufgehört haben, als unumstößliche Wahrheit zu gelten. Sie ist ihr unentbehrlich, weil die Elemente der gegenteiligen Weltanschauung, weil der Glaube an einen persönlichen Gott, an eine göttliche Weltregierung, an eine höhere Bestimmung des Menschen und einen endlichen Ausgleich zwischen moralischer Würdigkeit und Glückseligkeit sich ihr hindernd in den Weg stellen, wenn sie an die Leidenschaften appelliert, wenn sie Haß predigt und den Neid aufstachelt, wenn sie den gleichen Anteil aller an dem Genuß der Erdengüter als das höchste Lebensziel hinstellt und jedes Mittel für erlaubt hält, welches diesem Ziele näher bringt.

Aber auch umgekehrt: Wer auf dem Boden des Materialismus steht, wer in dem Menschen nichts sehen will als die höchste Spitze, bis zu welcher eine nur dem Zwang der Naturgesetze folgende Entwicklung, ohne Leitung durch eine höhere zwecksetzende Macht hingeführt hat, für den gibt es keine die Willkür der einzelnen bindende sittliche Ordnung, keine anderen Ziele des Menschenlebens als die, welche die einzelnen selbst sich stecken, kein anderes Recht als das Recht des Stärkern, keine weitere Rechtfertigung für die menschliche Handlung als ihr Wert für das eigene Wohl des Handelnden. Alle vermeintlichen Rechtsfragen sind alsdann bloße Machtfragen, und in dem gewaltigen Kampfe um die Staats- und Gesellschaftsordnung, mit dem eine nähere oder entferntere Zukunft uns bedroht, wird es allein darauf ankommen, auf welcher Seite die größere Macht sich findet, bei der kleineren Zahl der Besitzenden oder bei der gewaltigen Mehrheit der Besitzlosen. Und auch für die Gegenwart ist alsdann jedes ethische Moment aus der Bestreitung der Sozialdemokratie ausgeschaltet.

Vielleicht erklärt der letztere Umstand die Gleichgültigkeit, mit welcher viele der wachsenden Verbreitung sozialistischer Lehren und revolutionärer Tendenzen zuschauen, auch wenn sie selbst keinerlei Sympathie dafür hegen. Sie wissen nichts mehr von ethischen Werten, welche dauernde Geltung zu beanspruchen hätten. Auch für ihr gewohnheitsmäßiges Denken ist der Zusammenhang abgerissen, welcher die irdische Welt mit einer jenseitigen, übersinnlichen verbände. Ohne das Bedürfnis nach tieferer Begründung richten sie sich im Leben nach den überkommenen Schranken, welche die staatliche Gesetzgebung und die Moral der sogenannten guten Gesellschaft aufgerichtet haben. Aber es fehlt ihnen das innerliche Verhältnis zu Religion, Sittlichkeit und Recht, und mit der Wertschätzung dieser idealen Güter fehlt ihnen der Mut der Überzeugung. Was hätten sie also dem revolutionären Sozialismus gegenüber zu bestreiten oder zu verteidigen, solange nur die staatliche Autorität gewillt und imstande ist, sie durch Polizei und Militär in ihrem Besitzstande zu schützen?

Für diese sind die folgenden Blätter nicht bestimmt. Sie würden sie vermutlich ungelesen beiseite legen. Aber es gibt auch noch andere, für welche der Kampf mit der Revolution mehr ist als nur die Verteidigung ihrer privilegierten Stellung, und die Rechtsordnung mehr als nur der jeweilige Ausdruck tatsächlicher Machtverteilung. Ihnen wollen sie eine kurze Erörterung der Voraussetzungen darbieten, unter denen menschliches Gemeinleben allein einen vernünftigen Sinn und einen für uns erkennbaren Wert besitzt, und daraus die Konsequenzen ableiten, welche sich für die Ordnung dieses Gemeinlebens herausstellen lassen.

Es sind uralte Fragen, welche dabei zur Sprache kommen, denen aber die Gegenwart eine gesteigerte Bedeutung verliehen hat. Was ist das Recht, und woher stammt ihm die verpflichtende Kraft? Was ist der Staat, welches sind seine Befugnisse, und wo liegen die Grenzen für seine Betätigung? Mit der Fragestellung ist zugleich der Standpunkt bezeichnet, von dem aus die Lösung gesucht wird. Denn nur dann kann vernünftiges Nachdenken Voraussetzungen eines sinnvollen menschlichen Gemeinlebens entdecken, wenn diesem, wie der uns umgebenden Welt überhaupt, Vernunft zugrunde liegt. Wenn dagegen Materie und Bewegung und blind wirkende Naturgesetze das letzte sind, wovon das Universum mit allem, was es einschließt, abhängt und getragen wird, dann gibt es wohl Zustände, welche eintreten, Begebenheiten, welche sich ereignen, Tatsachen, welche eintreten müssen, aber das ganze Schauspiel des Naturlaufs mit seinem ungeheuren Aufwand an Kräften, mit seinem Prunke von

Planeten und Fixsternen, mit seinem nie ermüdenden Wechsel von Blühen und Vergehen, mit seinem tiefen Weh und seiner seltenen Freude, hat keinen Sinn und Verstand, ist sinnlos und dumm. Wer könnte ernsthaft diesen Gedanken fassen, ohne zu verzweifeln? Über die unsägliche Plattheit eines Daseins,wie es sich dann ergäbe, soll das leere Gerede von Monismus und Entwicklung hinwegtäuschen. Aber was hülfe uns selbst der begründete Ausblick auf eine fortschreitende Steigerung menschlicher Kultur? Was hilft es den Geschlechtern, die vor Jahrtausenden geboren wurden, um zu sterben, daß nach weiteren Jahrtausenden andere Geschlechter kommen, die bei ihrem flüchtigen Auftauchen aus dem Nichts an neuen Wundern der Technik vorübergehen? Und was hilft es diesen zu wirklichem Glück, zu abschließender Befriedigung? Die menschliche Vernunft erträgt es nicht, daß alles nur entstehen soll, um zugrunde zu gehen. Sie sucht ewige Werte und in dem bunten Spiel der Gestalten, welches die Welt vor unsern Augen aufführt, den wechselnden Ausdruck ewiger, unvordenklicher Gedanken.

Damit stellt sie der mechanisch-materialistischen die theistisch-teleologische Weltanschauung entgegen. Weil sie zu jedem Werden und Geschehen eine Ursache verlangt und ein ursachloses Werden als unmöglich zurückweist, so fordert sie auch mit dem Anfange der Weltbewegung eine Ursache der gesamten Weltwirklichkeit. Wir können uns vorstellig machen, wie, nachdem einmal der Mechanismus des Weltlaufs Wirklichkeit gewonnen hatte, ein Zustand auf den andern in begreiflicher Notwendigkeit gefolgt ist und weiterfolgen wird. Aber ein erster Zustand muß dagewesen sein, in welchem zum erstenmal die Gesamtheit wirksamer Elemente in bestimmter und bedeutungsvoller Weise miteinander verknüpft war, so daß daraus alles Spätere folgerichtig sich ergeben konnte.

Und dieser erste Zustand ist nur denkbar als hervorgebracht durch die Tat einer über allen Mechanismus hinausliegenden letzten Ursache. Als letzte kann sie nur eine spontane sein, eine Ursache also, welche den Grund ihres Wirkens in sich selbst hat und nicht von einem andern jeweilig zum Wirken genötigt wird. Spontaneität aber bedeutet Geistigkeit, denn der Geist entscheidet sich selbst im

Gegensatze zur Materie, die von außen zurecht gestoßen wird. So knüpfen wir die sinnlich-körperliche Welt an ein geistiges Prinzip und gewinnen damit zugleich die Möglichkeit, die vernünftige Ordnung und Zweckmäßigkeit in der Welt auf eine zwecksetzende Ursache, eine überweltliche Vernunft zurückzuführen. Die einheitliche Welturache aber lassen wir zugleich als den Inbegriff aller Vollkommenheit, als das einzige an sich Wertvolle, durch welches alles andere erst Wert gewinnt, und in' welchem es unverlierbar in seinem Werte bewahrt bleibt.

Es ist nicht möglich, hier diese Gedanken weiter zu führen oder tiefer zu begründen. Nach einer bestimmten Seite hin werden die Konsequenzen daraus alsbald zu ziehen sein. Eine Bemerkung aber muß zum Schlusse noch gemacht werden.

Das Christentum hat die theistisch-teleologische Weltansicht in sich aufgenommen. Sie bildet die Grundlage aller seiner Dogmen, die unerläßliche Voraussetzung der Heilsökonomie. Darum wird mit dem christlichen Glauben der Seele des Kindes autoritativ und in religiöser Form eingesenkt, was sich der grübelnden Vernunft als letztes Forschungsergebnis immer wieder herausstellt. Aber es ist falsch und nur ein verbreitetes Vorurteil zu wähnen, daß wir mit dem Gedanken an Gott die Grenze möglicher Erkenntnis überschritten und uns nur noch in der Sphäre religiösen Empfindens bewegten. Wir denken Gott, weil uns nur mit seiner Annahme die Welt begreiflich wird, und wir denken ihn so, wie wir ihn denken müssen, wenn wir die Welt auf ihn als auf ihre letzte Ursache zurückführen. Unsere Vernunft kann nicht anders, sie muß für jedes Gewordene eine Ursache setzen, und darum ist es grundlose Willkür, ihr Halt zu gebieten, wenn dieser unausrottbare Trieb zur Anerkennung eines schöpferischen Gottes nötigt. Einem bequemen oder irregeleiteten Agnostizismus gegenüber bleibt das Wort bestehen, welches vor hundert Jahren Schelling an Jakobi schrieb: „Philosophie ist nur solange wirklich Philosophie, als noch die Meinung oder Gewißheit übrig ist, daß sich durch sie über Dasein oder Nichtsein Gottes etwas wissenschaftlich ausmachen lasse."

Erstes Kapitel: Die sittliche Ordnung

Daß es ein allverbindendes Sittengesetz gebe, hat man oft genug mit Worten geleugnet, ohne dadurch die entgegengesetzte Überzeugung der Menschheit ernstlich erschüttern zu können. Unwillkürlich prüft ein jeder eigene und fremde Handlungen auf ihren sittlichen Wert, den er deutlich von allen anderen Werten unterscheidet. Eine Handlung kann nützlich sein in Rücksicht auf einen bestimmten einzelnen Zweck, wir mögen sie um der aufgewendeten Kraft oder Geschicklichkeit willen bewundern, sie kann die Phantasie bestechen und sich dem Gefühle einschmeicheln, unabhängig aber von dem allem entscheiden wir die Frage, ob sie sittlich zulässig ist oder nicht. Auch wen die konsequente Entwicklung seiner Gedanken dahin geführt hat oder dahin führen müßte, die Geltung einer objektiven Norm für die Ordnung des menschlichen Lebens in Abrede zu stellen, wird den Vorwurf, daß er unsittlich handle, entrüstet zurückweisen. Aus dieser Tatsache – wir können sie mit Kant ein Faktum der Vernunft nennen – ergibt sich eine Reihe von wichtigen Folgerungen.

Du sollst, so lautet die Formel, in welcher das Sittengesetz an uns herantritt. Du sollst das eine tun, auch wenn es mühevoll ist, mit Opfern verbunden, auch wenn es sich dem Lobe der Menschen entzieht, – und du sollst das andere lassen, auch wenn dies den Verzicht auf alle möglichen Vorteile einschließt. Dieses Sollen ist völlig verschieden von der notwendigen Geltung logischer Gesetze. An diese findet sich unser Denken gebunden, es sind die Gesetze seiner Natur, die wir mit Bewußtsein niemals übertreten, wo wir uns des Denkens ernsthaft bedienen, um die Wahrheit zu erkennen. Wir können es gar nicht. Unmöglich können wir von einer und derselben Sache behaupten wollen, daß sie sei und nicht sei, so sei und anders sei. Wenn wir einmal eingesehen haben, daß in einem gleichschenkligen Dreieck die Winkel an der Grundlinie einander gleich sein müssen, so ist es uns schlechterdings unmöglich, ein gleichschenkliges Dreieck zu denken, bei welchem dies trotzdem nicht der Fall wäre. Jeder Versuch dieser Art scheitert an der Natur unseres Denkens, das sich gegen offenbaren Irrtum auflehnt. Das sittliche

Sollen hat ebensowenig gemein mit dem Zwang der Naturgesetze. Es spricht kein Müssen aus, das sich unweigerlich durchsetzt, sondern eine Verpflichtung, die anerkannt wird, ohne daß sie die Nötigung einschlösse, sich ihr zu unterwerfen. Tatsächlich können wir uns der anerkannten Verpflichtung entziehen, indem wir ein Gesetz übertreten; sie bleibt trotzdem anerkannt. Denn wir sind uns alsdann bewußt, daß wir anders gehandelt haben, als wir hätten handeln sollen. Entspricht aber unser Wollen und Handeln dem erkannten und anerkannten Sollen, so sind wir nicht dazu getrieben, als ob uns eine hinter uns stehende Macht auf den Erfolg hinstieße, sondern kraft eigner Entscheidung bewegen wir uns zu dem vorgezeichneten Ziele. Darum sind Sittlichkeit und Egoismus entgegengesetzte Pole. Dort bestimmt unser Handeln die freiwillige Anpassung an die als gültig anerkannte Norm, hier treibt uns ein blinder Instinkt, der auf die Steigerung der eigenen Wohlfahrt gerichtet ist.

Aus dieser im Sollen sich offenbarenden Eigenart des Sittengesetzes aber ergibt sich, daß das letztere seinen Ursprung nicht menschlicher Übereinkunft verdanken kann. Menschliche Übereinkunft pflegt mancherlei Regeln aufzustellen. Wir unterwerfen uns, weil wir in den Kreisen, in denen wir uns bewegen, keinen Anstoß geben wollen. Den Charakter sittlich verpflichtender Normen haben jene Regeln für uns nicht. Wer in einer Gesellschaft in einem anderen Anzuge erscheint, als den alle anderen dem Herkommen gemäß angelegt haben, wird dies vielleicht peinlich empfinden, einen sittlichen Vorwurf wird er sich deswegen nicht machen. Aber, was wichtiger ist, es gibt Fälle, wo das Sittengesetz verpflichtet, Menschensatzungen zu übertreten und der Gefahr oder den schlimmen Folgen zu trotzen, welche möglicherweise die Übertretung begleiten. Die Geschichte kennt berühmte Konflikte solcher Art. Von jeher haben sie den bevorzugten Gegenstand dichterischer Verklärung gebildet. Daraus erhellt, daß das Sittengesetz, weit entfernt, in ihnen seinen Ursprung zu besitzen, uns vielmehr den Maßstab an die Hand gibt, um menschliche Gebote auf ihre verpflichtende Kraft zu prüfen. Dem einen dürfen wir uns fügen, ein anderes sollen wir befolgen, wieder ein anderes aber dürfen wir nicht befolgen.

Wo wir die verpflichtende Kraft eines menschlichen Gebotes anerkennen, kann der Grund der Verpflichtung ein zweifacher sein, wenn er auch beide Male seine Wurzel im Sittengesetz hat. Das menschliche Gebot mag vielleicht nur das, was das Sittengesetz ohnehin von uns verlangt, noch einmal bestimmt und ausdrücklich vorschreiben. Dann verpflichtet es auf Grund seines Inhalts Hierher gehört, was die Gesetze zum Schutze von Leben und Eigentum bestimmen. Oder der Inhalt kann sittlich indifferent sein, aber das Gebot verpflichtet dennoch, weil es von solchen erlassen ist, denen wir, wiederum auf Grund des Sittengesetzes, zum Gehorsam verpflichtet sind. Der Unterschied ist wichtig. Kann ein Gebot verpflichten unabhängig von seinem Inhalt, weil es von einer anerkannten Autorität erlassen wurde, so besteht die Möglichkeit, daß eine gewohnheitsmäßige Unterwerfung unter die letztere weiter führt, als nach dem Inhalte zulässig ist, zumal der sittlich verpflichtende Charakter eines solchen Inhalts nicht immer in gleicher Deutlichkeit erkannt wird. So geschieht es, daß in pietätvoller Erfüllung alter und als heilig geltender Satzungen Handlungen vorgenommen werden, welche ein geschärftes Urteil als unzulässig oder verwerflich brandmarken müßte. Die Allgemeingültigkeit des Sittengesetzes in seinen grundlegenden, allgemein einleuchtenden Forderungen wird dadurch nicht in Frage gestellt. So wenig, als die Allgemeingültigkeit oberster theoretischer Wahrheiten dadurch in Frage gestellt wird, daß über die entfernten Konsequenzen, die sich aus ihnen unter allerhand Voraussetzungen ergeben können, Streit sein kann und Uneinigkeit besteht.

Wenn aber sonach das Sittengesetz unabhängig ist von menschlichen Satzungen und höher steht als diese, woher stammt es? Woher kommt ihm sein Inhalt und seine verpflichtende Kraft? Es liegt nahe, und die Geschichte der Philosophie ist angefüllt mit Versuchen dieser Art, das Sittengesetz, um es der Willkür der einzelnen zu entziehen, die es ja umgekehrt einzuschränken berufen ist, irgendwie aus der allgemeinen Menschennatur herzuleiten. Man hat von angeborenen moralischen Gefühlen geredet, gleichsam einem moralischen Geschmack oder einem Talent, wodurch wir das Richtige treffen. Oder man hat gemeint, daß die Sittlichkeit aus dem Ausgleich entgegengesetzter Triebe entspringe, dem egoistischen und dem altruistischen, von denen jeder für sich allein auf Abwege führen würde. Aber der Geschmack kann niemals selbst seine Richtigkeit bezeugen. Ganz und gar individuell gerichtet, läßt sich aus ihm niemals eine für alle gültige Norm herleiten. Und wie weit sich ein Trieb dem andern berichtigend entgegenstellt, das hängt von der Stärke ab, in welcher die beiden wirksam sind; je nach dem Naturell der Menschen wird das Ergebnis verschieden ausfallen. Konstruktionen dieser Art sind unvermögend, einen obersten Maßstab des sittlichen Handelns herausstellen, und sie verkennen zugleich durchaus die Wesensbeschaffenheit des letzteren, indem sie es zu einem Naturprodukt machen und der freien Selbstbestimmung auf Grund einer anerkannten Verpflichtung entziehen. Man handelt alsdann, wie man handeln muß, weil glückliche oder beklagenswerte Anlagen, die man nicht ändern kann, zu diesem Handeln unwiderstehlich hintreiben.

Aber eben jene Wesensbeschaffenheit des sittlichen Handelns, die im Sollen sich ausspricht, führt, wenn sie nur in ganzer Schärfe ergriffen und in voller Tiefe aufgefaßt wird, von selbst auf den richtigen Weg. Denn sie weist mit Notwendigkeit über den Menschen hinaus und auf einen umfassenden Zusammenhang hin. Sie ist nur verständlich auf dem Boden einer ganz bestimmten Weltanschauung, für den Materialismus bleibt sie ein unlösbares Rätsel, oder vielmehr sie legt in durchschlagender Weise Zeugnis ab gegen denselben. Für die mechanische Erklärung, wie sie allein dem Materialismus zu Gebote steht, ist alles, was ist, die Dinge und die Ereignisse und die menschlichen Handlungen mit ihnen, so, wie es ist, weil es so werden mußte auf Grund der vorhandenen Bedingungen und nach Maßgabe der herrschenden Gesetze. Das Geschehene ist jederzeit nur das Produkt eines in der Vergangenheit abgelaufenen Prozesses, welcher zu keinem andern als eben diesem Ergebnisse hinführen konnte und zu ihm mit Notwendigkeit hingeführt hat. Es ist niemals das Ziel, auf welches jener Prozeß hingerichtet gewesen wäre. Alles, was der Naturlauf bringt, ist das unvermeidliche Resultat seiner

Vorgeschichte und selbst wieder Bedingung ebenso unausweichlicher Folgen. Für die festgeschlossene Kette von Ursachen und Wirkungen handelt es sich nicht um die Verwirklichung von Zwecken, und gibt es keine Wahl zwischen verschiendenen Möglichkeiten. Hier ist daher auch keine Stelle für sittliches Sollen. Begreiflich wird dasselbe erst dann, wenn man es in das helle Licht der entgegengesetzten, theistisch-teleologischen Weltansicht rückt.

Und so ist denn sogleich davon Ausgang zu nehmen, daß jener ganze Mechanismus des Naturlaufs nicht als eine auf sich selbst gestellte Macht angesehen werden kann, sondern als ein System von Mitteln zur Verwirklichung ewiger Ideen, und die unübersehbare Vielheit von Elementen, deren Wechselspiel ihn vorwärtstreibt, bestimmt ist durch einen ursprünglichen Plan. Vom Standpunkte des Materialismus bedeutet Naturgesetz nur die auf eine kurze Formel gebrachte Beschreibung eines, soweit unsere Erfahrung reicht, stets in der gleichen Weise geschehenden Naturvorganges, Auf dem jetzt eingenommenen dagegen bezeichnet der gleiche Name die Norm, welche jedem Bestandteile der Weltwirklichkeit die besondere Wiese seiner Wirksamkeit vorgezeichnet hat, dem Atom nicht anders wie dem höchst entwickelten Organismus, damit es in ihr seine Eigenart betätige und kundtue. Weil aber die verschiedenen Bestandteile nicht fremd und äußerlich nebeneinander liegen, sondern zusammen ein einstimmiges Ganzes bilden, sind diese Gesetze sämtlich aus dem allgemeinen Weltplane entworfen oder in ihm enthalten. Der Wirksamkeit der Weltdinge gegenüber erweist sich daher dieses letztere als das universale Weltgesetz. Denn der Weltplan verwirklicht sich durch die Tätigkeit der Weltdinge, die mit bestimmten Kräften und Fähigkeiten ausgestattet, in bestimmter Wiese aufeinander wirken und voneinander leiden und miteinander mannigfache Wirkungen hervorbringen. Ziel, Richtung und Maß seiner Betätigung, welche das Gesetz seines besonderen Wesens ausmachen, sind für ein jedes durch das allgemeine Weltgesetz vorgezeichnet. Indem es sich dementsprechend betätigt, erfüllt es seine eigene Aufgabe und trägt es zugleich zu seinem Teile zur Verwirklichung des allgemeinen Weltplanes bei, denn es füllt damit die Stelle aus, die ihm innerhalb des Ganzen zugefallen ist.

Auf den verschiedenen Stufen der Weltordnung zeigt das gemeinsame Weltgesetz eine verschiedende Gestalt. Es herrscht als äußerer Zwang, wenn der seiner Unterstützung beraubte Körper zu Boden fällt und der Rauch emporsteigt, wenn die Gestirne ihre Bahnen wandeln, die chemischen Elemente in wilder Haft zu neuen Verbindungen stürzen oder die Lichtwellen in unglaublicher Schnelligkeit den Raum durcheilen, ganz ebenso aber auch, wenn in der lebenden Natur die physikalischen und chemischen Kräfte dem Aufbau des Organismus dienen müssen von der einfachen Zelle bis zu dem vollendeten Exemplar einer charakteristisch ausgestalteten Art. Ein neues Element tritt in die Weltordnung ein, wo lebende Wesen mit Empfindung begabt sind und im Anschlusse daran willkürliche Bewegungen ausführen, Hier wird der äußere Zwang zur innerlichen Nötigung. Lust- und Unlustempfindungen lösen die im Organismus angelegten zweckmäßigen Bewegungen aus, wenn das Tier seine Nahrung sucht und findet, wenn es sich ohne Kenntnis von Statik und Dynamik kunstvolle Wohnungen baut und für die Aufzucht und den Schutz seiner Nachkommenschaft tätig ist. In die Verknüpfung der natürlichen Ursachen hineingestellt, bleibt das Tier völlig daran gefesselt. Der äußere Vorgang ruft die innere Empfindung hervor, diese den Affekt, den Trieb, die äußere Bewegung. Bei verschiedenen Eindrücken erfolgt die letztere in der Richtung des stärksten Antriebs.

Ganz anders, wo der Mensch auftritt. Allen gegenteiligen Deklamationen zum Trotz handelt es sich hier nicht mehr um einen allmählichen Übergang, ein kontinuierliches Aufsteigen, wie es sich etwa in den Formenreihen des Pflanzen- und Tierreichs aufweisen läßt. Ein unüberbrückbarer Abstand trennt den vernünftigen Menschen von dem höchst entwickelten Tiere. Mit heißem Bemühen hat man nach der Brücke gesucht, ohne sie zu finden. Sie wird sich auch in Zukunft nicht finden lassen. Wo immer Spuren vorgeschichtlichen Menschendaseins aufgewiesen werden konnten, weit zurück, noch jenseits der vorletzten Vereisung Südeuropas, da zeugen sie für den Menschen, wie wir ihn kennen, der selbstbewußt der ihn umgebenden Natur gegenübertritt, der zur Befriedigung erkannter Bedürfnisse, zur Abwendung durchschauter Gefahren Mittel ersinnt und nach eigener Wahl in Anwendung bringt. Im Unterschiede vom Tier geht der Mensch nicht restlos auf in Kausalketten, die von außen kommend durch ihn hindurchlaufen. Er besinnt sich auf sich selbst, er bezieht die in ihm entstehenden Eindrücke auf sein Ich, und er bezieht sie selbsttätig aufeinander. Er denkt, indem er vergleicht, urteilt, Schlüsse zieht, indem er die im Bewußtsein festgehaltene Empfindung oder Wahrnehmung von sich selbst unterscheidet. Nur weil er dies tut, kann er sie in der Sprache nach außen und für andere kundtun. Das Tier spricht nicht, weil es nichts zu sagen hat. Der Hund heult, wenn er geschlagen wird, aber er kann nicht sagen: ich empfinde Schmerz. Er weiß nichts davon, sondern der empfundene Schmerz löst unmittelbar die Schreibewegung aus.

Das alles meinen wir, wenn wir die Vernunft als auszeichnendes Merkmal der Menschennatur bezeichnen. Mit ihr aufs innigste verbunden ist die Freiheit des Willens. Der Mensch ist in seinen Handlungen nicht nur frei von äußerem Zwange, sondern auch frei von innerer Nötigung.

Unmöglich kann das Problem der Freiheit hier seinem ganzen Umfange nach aufgerollt werden. Es braucht es auch nicht. Denn gegenüber einer Jahrtausende alten Überzeugung, welche immer wieder durch die Erfahrung jedes einzelnen bekräftigt wird, fällt den Leugnern der Willensfreiheit die Beweislast zu. Wir wissen uns als die Herren unserer Handlungen, wir schreiben uns die Verantwortlichkeit zu, wir können nicht, so sehr wir es vielleicht wünschen möchten, die Vorwürfe unseres Gewissens auf eine fremde Macht, auf den unerbittlichen Zwang der Umstände in Verbindung mit der eigensinnigen Veranlagung unseres Charakters abwälzen. Ohne Freiheit keine Gerechtigkeit bei der Bestrafung, keine Ermunterung zum Guten, keine Möglichkeit gewollter Sinnesänderung. Wer das alles für Illusion erklärt, müßte zeigen, wie solche Illusion entstehen kann. Und warum sollten wir dem lauten Zeugnisse des Bewußtseins entgegen die Freiheit leugnen? Weil sie, so sagt man uns, dem Kausalgesetz widerstreitet. Aber der behauptete Widerspruch stellt sich nur dann heraus, wenn man dem letzteren einen Sinn gibt, den es zunächst nicht hat, und der nur die Form bezeichnet, in welcher es, soweit unsere Erfahrung reicht, tatsächlich den Zusammenhang der äußeren Natur bestimmt. Unmittelbar einleuchtend und allgemein gültig ist nur das Axiom, daß nichts geschieht ohne Ursache. Etwas anderes aber ist die Verknüpfung bestimmter Ursachen mit bestimmten Wirkungen, oder die Anknüpfung bestimmter Folgen an bestimmte Bedingungen. Welche chemischen Elemente, und in welchen quantitativen Verhältnissen diese zu Verbindungen zusammentreten, welche Umstände erforderlich sind, damit sich andere aus den eingegangenen Verbindungen lösen, ist nicht von vornherein einleuchtend und nur durch Erfahrung festzustellen. Ja noch mehr: daß überhaupt bestimmte Bedingungen bestimmte Folgen nach sich ziehen und umgekehrt bestimmte Folgen nur eintreten, wenn ganz bestimmte und immer die nämlichen Bedingungen eingetreten sind, ist eine Annahme, die wir machen, die jeder Veranstaltung eines Experiments, jeder wissenschaftlichen Naturerklärung zugrunde liegt. Wenn bei einem Experiment der erwartete Erfolg ausbleibt, nimmt heute der Naturforscher, noch ehe er sich durch eine Untersuchung darüber vergewissert hat, ohne weiteres an, daß in der Kette der erforderlichen Bedingungen eine Lücke war, oder ein nicht beachteter Umstand die Wirkung, die sonst eingetreten wäre, verhindert oder in eine andere Richtung gelenkt hat. Aber die Annahme eines durchgängigen gesetzlichen Zusammenhanges der Ereignisse, welche hierfür die Voraussetzung bildet, stammt nicht aus der Erfahrung, da sie jede mögliche Erfahrung übersteigt. Sie ist noch weniger eine unmittelbar einleuchtende Vernunftwahrheit, denn sie war früheren Zeiten fremd. Noch im siebzehnten Jahrhundert sprach der berühmte Chemiker Boyle die Meinung aus, die Natur könne sich wie ein geschickter Ingenieur verschiedener Mittel bedienen, um die gleichen Wirkungen hervorzubringen. Man verwechsle also nicht das, was jetzt die herrschende Auffassung über den in der äußeren Natur tatsächlich bestehenden Kausalzusammenhang behauptet, mit dem Inhalte jenes allgemein gültigen und weiter reichenden Axioms! Das Axiom verlangt, daß nichts geschehe, also auch die menschliche Handlung nicht, ohne eine Ursache. Dies aber bleibt unangetastet auch bei Anerkennung der Willensfreiheit. Denn mit Freiheit handeln bedeutet nicht handeln ohne Ursache, sondern handeln auf Grund eigener Entscheidung. Die Ursache liegt in dem Zentrum der Persönlichkeit, die sich spontan entscheidet, ohne durch den Zwang äußerer Umstände oder eindeutig bestimmende Motive genötigt zu sein. Die freie Entscheidung beginnt eine Kausalreihe, sie ist nicht ein Glied in einer nach rückwärts ins Unendliche verlaufenden. Das ist, was uns die innere Erfahrung unmittelbar gewährleistet, und es ist ein Fehler der Methode, solch unzweideutiges Zeugnis übergehen zu wollen zugunsten einer Annahme, der wir freilich heute allgemein in bezug auf den äußeren Naturzusammenhang folgen, von der aber erst bewiesen werden müßte, daß sie auch im Bereiche des psychischen Geschehens Geltung hat. Aber gerade hiergegen erhebt ja das Zeugnis des Bewußtseins eines jeden unbesiegbaren Widerspruch!

So also nehmen wir für den Menschen Vernunft und Freiheit als die auszeichnenden Bestandteile seiner Natur in Anspruch, welche ihm eine mit nichts zu vergleichende Sonderstellung innerhalb der uns bekannten Welt anweisen. Aber trotzdem gehört er in diese Welt hinein, und seine Stelle ist ihm durch den ewigen Weltplan angewiesen. Er ist nicht das letzte Ergebnis einer blinden Naturentwicklung, das Höchste, was bewegte Materie zu leisten vermag, sondern die Natur ist da für ihn, sie ist der Schauplatz seines Wirkens und zugleich das Objekt seiner Betätigung. Aber auch der Mensch ist da für die Natur, damit sie durch ihn erkannt werde. Eben darum gilt auch für ihn, daß ihm das ewige Weltgesetz die Norm seines Wirkens vorzeichnet. Auch er erreicht, indem er das Gesetz befolgt, den ihm bestimmten Zweck, er füllt seine Stelle im Weltplane aus und verwirklicht die darin eingeschlossene Idee des Menschenwesens.

Als vernünftiges Wesen weiß der Mensch um seinen Zweck; er erkennt sein Ziel und seine Aufgabe und erfüllt dieselbe auf Grund freier Wahl durch eigene Entscheidung. Daher kann das Weltgesetz, sofern es Gesetz für die menschliche Betätigung ist, nicht mehr ein Gesetz äußeren Zwangs oder innerer Nötigung sein. Es wirkt, indem es befiehlt und der Mensch seine Verpflichtung anerkennt, indem ihm jenes Sollen entspricht, welches den Ausgangspunkt dieser ganzen Erörterung gebildet hat. Das Sittengesetz ist nichts anderes als das allgemeine Weltgesetz in der Gestalt, die es annehmen muß, wenn es die Norm für die Betätigung vernünftiger und freier Wesen ausspricht. Damit ist sein Inhalt festgestellt und der Grund seiner verpflichtenden Kraft aufgezeigt.

Das Sittengesetz fordert vom Menschen bewußte Realisierung des vernünftigen Weltplans. Er soll die Stelle ausfüllen, die ihm als Menschen innerhalb desselben zukommt. Er soll seine menschliche Natur auswirken, somit, da die Vernunft deren Eigenart begründet, seine Vernunft betätigen nach der Seite der Erkenntnis wie in der bewußten Leitung seines Handelns. Er soll den erkannten Zweck seines Eigenwesens realisieren, daraus ergeben sich ihm die Pflichten gegen sich selbst, und nicht minder die Zwecke, die, in der Weltordnung begründet, ihn mit andern verbinden, in der Familie, im Verkehr, im bürgerlichen Gemeinwesen, daraus ergeben sich ihm Pflichten gegen die andern. Gut ist, was jenem System von Zwecken entspricht und sie fördert, böse, was ihnen widerstreitet, ihre Erfüllung hindert oder unmöglich macht. Darum soll der Mensch das Gute tun und das Böse meiden, er soll es, weil das ewige Gesetz dies vorschreibt, das Gesetz, welches er als ein vernünftiges, aus der Idee seines eigenen Wesens entworfenes anerkennen muß. Darum begleitet auch die guten Handlungen, eigene wie fremde, unwillkürlich unser Beifall und nicht minder die bösen ein ebenso unwillkürliches Mißfallen. Von da stammen die Anklagen und Vorwürfe des Gewissens. Deutlich unterscheiden wir von diesem sittlichen das ästhetische Gefallen oder Mißfallen, denn zum Guten sind wir verpflichtet, nicht zum Schönen, und die Übertretung eines Gebotes, an das wir uns gebunden wissen und fühlen, ist der Grund des sittlichen Mißfallens. Verpflichtet aber sind wir, das Gebot zu erfüllen, nicht weil es vernünftig ist, sondern weil es zurückgeht auf den Willen der obersten vernünftigen Weltursache. Und so lautet die letzte Lösung, daß der Mensch soll, weil Gott will.

Es ist eine bequeme Ausrede, wenn eingeworfen wird, daß diese Lösung nur eine scheinbare sei, weil sie menschliche Beziehungen auf Verhältnisse übertrage, welche über alle menschliche Erfahrung hinausliegen. Vom göttlichen Willen zu sprechen sei Anthropomorphismus. Tatsächlich können wir uns jene Verhältnisse, zu denen unser Denken vordringt, nur nach Analogie dessen begreiflich machen, was uns bekannt ist. Die Begriffe, die wir auf solchem Wege gewinnen, sind unzulänglich, aber sie sind solange nicht falsch, als uns diese Unzulänglichkeit bewußt bleibt. Wir reden von dem Verstande und dem Willen Gottes, weil Verstand und Wille das höchste ist, was wir in uns finden, und wir genötigt sind, an den Anfang aller Dinge eine spontane, über jede Möglichkeit äußerer Beeinflussung hinausgehobene Ursache zu stellen, die wir nur nach Analogie dessen zu denken vermögen, was wir in uns, den denkenden und wollenden Wesen vorfinden. Denken müssen und nicht anders denken können aber ist das höchste Kriterium für die Wahrheit unserer Erkenntnis. Es gibt kein höheres. In dem schöpferischen Willen der vernünftigen Welturssache erkennen wir die Macht, welche den Naturmechanismus trägt und erhält. Auf ihn führen wir das Sittengesetz und das Gefühl der Verpflichtung zurück, welches die Erkenntnis seiner Gebote begleitet, jenes Sollen, welches der normal veranlagte und nicht verbildete Mensch anerkennen muß, wo ihm Zwecke entgegentreten, deren Erfüllung bei ihm liegt und ihn angeht.

Wird aber das Sittengesetz auf den schöpferischen Willen Gottes zurückgeführt, so ergeben sich daraus Pflichten gegen Gott. Zuletzt sind freilich auch die Pflichten des Menschen gegen sich und gegen die anderen Menschen hierunter zu begreifen, da sie in dem göttlichen Gesetze gründen. In einem besonderen Sinne aber sind darunter die Pflichten der Gotteserkenntnis und Gottesverehrung zu verstehen. Der heutigen Welt ist die Erinnerung davon weithin verloren gegangen. Aber noch John Locke, auf den so viele Gedanken der späteren Aufklärungsperiode zurückgehen, war der Meinung, daß es sich hier um Wahrheiten handele, die mit der Evidenz geometrischer Beweisführung demonstriert werden könnten.

Noch ein letztes gewinnt in diesem Zusammenhange seine Erklärung. Wenn das Sittengesetz das Gesetz der Menschennatur ist, gleichsam aus der Idee des Menschen entworfen, so erreicht der

Mensch, wenn er dasselbe erfüllt, die Vollkommenheit, deren er fähig ist. Je mehr er sein Leben in Einklang damit bringt, desto mehr wird er selbst das, was er sein soll. Aber diese Vollkommenheit kann nicht etwas sein, was nur an ihm wird, eine Beschaffenheit, die ihm äußerlich zuwächst. Als vernünftiges Wesen muß er darum wissen, als Lebendiges sie in sich erleben. Erlebte Vollkommenheit aber ist Glückseligkeit. Ein falscher Rigorismus glaubt Sittlichkeit und Glückseligkeit von einander scheiden zu müssen, da sie doch in der Wurzel zusammenhängen. Nur dann wird durch das Streben nach eigener Glückseligkeit das sittliche Streben getrübt oder verfälscht, wenn entweder jenes erstere das eigene Selbst eigensüchtig von der Mitwelt ablöst, da doch menschliche Vollkommenheit die Beziehung zu den Mitmenschen notwendigerweise einschließt, oder wenn es sich an die niedere Sphäre des Glücks hält, wo alles auf flüchtigen, vom Zufall bedingten Wechsel gestellt ist und nichts in das wirkliche Eigentum des Menschen eingeht. Glückseligkeit als der geistige Reflex eigener Vollendung ist nicht der Gegensatz zum sittlichen Ideal, sondern das, was seine Verwirklichung notwendigerweise begleitet.

Umgekehrt ist dann aber auch jede Übertretung des Sittengesetzes, weil Abkehr vom Ideal und Verminderung der Vollkommenheit, auch Minderung der eigenen Glückseligkeit. In diesem Sinne gilt, daß Lohn und Strafe nicht erst nachträglich zum Sittengesetze hinzutreten, dasselbe äußerlich zu sanktionieren, sondern der gleiche ewige Weltplan schließt das eine wie das andere in sich. Aber freilich, abschließende Vollendung des eigenen Wesens, endgültige Verwirklichung des Ideals und damit volle und unverlierbare Glückseligkeit ist in den Schranken dieses Erdenlebens nicht anzutreffen. Nie Abhängigkeit von äußeren Hilfsmitteln, die Gebrechlichkeit des Leibes mit der unvermeidlichen rückläufigen Bewegung im Alter, aber auch die Schwäche und Unbeständigkeit des inneren Menschen lassen es nicht dazu kommen. Darum eröffnet sich von hier der Ausblick auf ein jenseitiges Leben, in welchem erst der Ausgleich von moralischer Würdigkeit und Glückseligkeit, wie Kant es genannt hat, sich vollziehen wird. Es ist der tiefste Grund unseres

Unsterblichkeitsglaubens, daß wir auf einen solchen Ausgleich nicht verzichten können. Wir können es nicht, weil beide innerlich zusammenhängen, weil sittliche Vollendung und höchste Glückseligkeit einander fordern, weil ohne einen solchen Ausgleich die Erfüllung des göttlichen Weltgesetzes da, wo es sich um den Menschen handelt, in Frage gestellt wäre. Denn das Sittengesetz kann der Mensch übertreten, und tatsächlich übertritt er es. In jenem Ausgleiche aber erfüllt sich trotzdem das Weltgesetz. Es bleibt Sieger nicht bloß über die äußeren Hemmnisse des Erdenlebens, sondern auch über den widerstrebenden Willen des Geschöpfes. Denn wer das Sittengesetz übertritt und sich dauernd abwendet von dem Ziele der eigenen Vollkommenheit, der büßt seine Schuld in der eigenen Unseligkeit.

Das ist der höchste Punkt, bis zu welchem die Gedanken unseres Verstandes nach dieser Richtung hin vorzudringen vermögen, eine letzte Konsequenz, welche sich aus der theistisch-teleologischen Weltansicht ergibt. Man kann die Augen seines Geistes verschließen, man kann bei der Außenseite der Dinge stehen bleiben und sich begnügen, nur die einzelnen Regeln des Naturgeschehens aufzusuchen, um mit ihrer Hilfe die Natur dem Menschen dienstbar zu machen, man kann in gedankenloser Gewöhnung an die gleichförmig wiederkehrenden Vorkommnisse der erfahrungsmäßigen Außenwelt das Bedürfnis verloren haben, sich über ihren Sinn und die letzten Zusammenhänge der Dinge Rechenschaft zu geben. Wer aber durchdrungen ist von der Überzeugung, daß diese ganze in Raum und Zeit ausgebreitete Welt nur als das Werk einer überweltlichen Vernunft begriffen werden kann, der sucht auch in dem Leben der Menschen nach einem vernünftigen Sinn, nach einem Ziel und Abschluß, wie sie der Vernunft entsprechen. Unmöglich kann er sich dabei beruhigen, daß auch der Mensch, der um sich weiß, der in seinen Gedanken Vergangenheit und Zukunft mit umfaßt, der Mensch mit seinem leidenschaftlichen Ringen nach Glück und seiner unstillbaren Sehnsucht nach einem höheren Gut restlos ins Nichts zurücksinke, nachdem er, – man weiß nicht warum? – während einer flüchtigen Spanne Zeit die Last des Erdenlebens getragen hat.

Es ist zugleich der Punkt, wo die christliche Lehre ergänzend einsetzt. Im Vertrauen auf göttliche Offenbarung glaubt der Christ, daß dieses Erdenleben nur ein Teil seiner Bestimmung und die Vorbereitung ist auf ein besseres Jenseits, wo seinen Mühen und Entbehrungen überschwenglicher Lohn folgen wird, auf ein höheres Dasein, wo alle Mängel dieser sterblichen Natur durch die Gnade geheilt sein werden, auf eine höhere über alle Bedingungen des irdischen Lebens hinausgehobene Betätigung in Erkenntnis und Liebe. Dies aber wieter zu verfolgen, ist hier nicht der Ort. Ebensowenig kann auf Einwürfe eingegangen werden, welche die Berechtigung der teleologischen Weltansicht dadurch aufzuheben oder doch ihre Tragweite zu verringern glauben, daß sie alle unsere Gedanken in die Grenzen des eigenen Bewußtseins hineinbannen und dem denkenden Subjekt den Fortgang zu einer Welt vom eigenen Selbst unterschiedener wirklicher Dinge abschneiden wollen. Das sind künstliche Systeme, die an der brutalen Macht der wirtlichen Dinge zerschellen und den unerbittlichen Anforderungen des Lebens gegenüber hilflos versagen. Daher dürfen hier die Versuche, sie theoretisch zu begründen, unberücksichtigt beiseite bleiben.

Zweites Kapitel: Das Recht

Auf dem Boden mechanisch-materialistischer Weltauffassung mag man darüber phantasieren, wie sich unter dem Zwange des Naturlaufs aus anthropoiden Affen Menschen entwickeln mußten, isolierte Einzelwesen, die sich später zusammenfanden, Gefallen aneinander hatten und sich miteinander verbanden, so daß allerlei Formen des Zusammenlebens entstanden, die dann wiederum eine Entwicklung durchliefen vom Unvollkommenen und mehr Tierischen zum Vollkommenen und dem, was wir heute als spezifisch menschlich anzusehen gewöhnt sind. Wissenschaftlichen Wert haben diese Konstruktionen nicht. Soweit geschichtliche Zeugnisse reichen, wissen sie nur von der patriarchalischen Familie: der Vater an der Spitze des Hauswesens stehend, Mutter und Kinder, und daran anschließend die weiteren Verwandten. Eben diese spezifisch menschliche Familie erscheint im Lichte theistisch-teleologischer Denkweise als ein in die Weltordnung eingeschlossener gewollter Zweck. Die Familie soll sein, damit der einzelne aus ihr Dasein gewinne, damit in ihr das menschliche Kind, das weit länger als die Jungen der Tiere in hilfloser Bedürftigkeit verbleibt, die Befriedigung seiner Lebensbedürfnisse innerhalb eines eng verbundenen Kreises von Personen erhalte, die ihm von Anfang an in freundlicher Zuneigung zugetan sind.

Die Familie ist jedoch nicht die einzige Form des Gemeinlebens, welche in der der Herrschaft des Sittengesetzes unterworfenen Weltordnung, die wir darum die sittliche Weltordnung oder auch kürzer die sittliche Ordnung nennen, ursprünglich angelegt ist. Denn die Menschen bedürfen einander auch über die Bande der Blutsverwandtschaft hinaus. Sie sind von Natur zum Leben in der Gemeinschaft bestimmt. Nur durch Zusammenlegung ihrer Kräfte, durch Teilung der Arbeit und Austausch der Leistungen ist die Unterwerfung der Erde unter die Herrschaft des Menschen, ist erfolgreiche wirtschaftliche Betätigung, ist Wissenschaft und Kunst und überhaupt alles das möglich, was wir mit dem Namen der Kultur zusammenfassen. Da es sich also hier überall um Zwecke handelt, die in die sittliche Ordnung eingeschlossen sind, so ist wiederum zu sagen, daß die Menschen miteinander in Verkehr treten und in geordneter gemeinschaftlicher Tätigkeit jene Zwecke fördern sollen. Daher wurde schon früher gesagt, daß das Sittengesetz auch die Beziehungen des einzelnen zu den Mitmenschen unter sich begreife. Aber die eigentliche Norm des Gemeinschaftslebens, an die wir zuerst denken, weil sie uns in bestimmten Einrichtungen sichtbar und greifbar entgegentritt, ist das Recht.

Wer den hier vertretenen Standpunkt teilt, wird von vornherein nicht zweifelhaft darüber sein, daß das Recht aus dem Ganzen der sittlichen Ordnung zu begreifen ist und eine bestimmte Funktion innerhalb desselben auszuüben hat, so daß es nur darauf ankommen kann, diese letztere näher zu bestimmen. Aber immer wieder und mit gesteigerter Anstrengung ist versucht worden, diesen Zusammenhang zu ignorieren oder zu leugnen und die Rechtsordnung unabhängig von der sittlichen Ordnung auf sich selbst zu stellen. Am weitesten gehen nach dieser Richtung die, welche im Recht nichts anderes erblicken wollen als eine menschliche Satzung, erlassen von solchen, welche dazu die Macht haben. Die Rechtsordnungen der verschiedenen Völker und Zeiten erscheinen hiernach lediglich als der Ausdruck der jeweiligen Machtverhältnisse. Aber dem Sinne, den die Menschheit von jeher mit dem Namen des Rechts verbunden hat, entspricht dies nicht. Ein bloßes Machtgebot, das mit physischer Gewalt durchgesetzt werden kann, ist noch nicht Recht. Und umgekehrt: unter einem Rechtsgebot verstehen wir ein Gebot, welches gilt, auch wenn im gegebenen Falle die physische Macht zur Durchsetzung fehlt, ja das geradezu und von Anfang an mit dem Anspruche auf freiwillige Befolgung auftritt. Es gilt und verlangt Unterwerfung, eben weil es Recht ist, gegen ein ungerechtes Gebot aber lehnen wir uns auf im Namen des Rechts und verlangen seine Aufhebung oder Berichtigung. Und fordern nicht gerade solche, welche in der heutigen Rechtsordnung, wie sie weitaus in den meisten Staaten besteht, nur den Ausdruck der heutigen Machtverteilung sehen wollen, die Beseitigung derselben und die Einführung einer andern? Wie kommen sie dazu? Wenn Recht nur das Produkt der Macht ist, so kann auch nur eine Veränderung in den Machtverhältnissen zu einer Änderung desselben führen, und sie wird dazu führen, mögen wir wollen oder nicht. Das Verlangen nach Abänderung kann nur erheben, wer diese heutige Rechtsordnung für ungerecht hält, etwa darum, weil sie den Interessen der besitzlosen Massen nicht entspricht, und weil er es für eine Forderung der Gerechtigkeit hält, daß diesen Interessen besser entsprochen werde. Es ist also nicht wahr, daß sie Recht und Macht identifizieren. Nur wenn unter Recht eine Norm verstanden wird, welche unabhängig von der Eigensucht der Machthaber die Willkür aller einschränken soll, kann eine solche Forderung erhoben werden.

Aber was ist es, und wie verhält es sich zum Sittengesetze, in welchem zuvor die objektive, das Leben der einzelnen ordnende und einschränkende Norm erkannt wurde? Daß es sich mit demselben nicht kurzerhand deckt, leuchtet sofort ein, wenn wir uns an Beispielen das Verhältnis von Recht und Moral, wie es dann wohl ausgedrückt wird, vorführen und deutlich machen. Wenn etwa das Gesetz vorschreibt, daß Gewerbetreibende ihr Unternehmen anmelden oder die Herausgeber periodischer Druckschriften ein Exemplar bei der Polizei einliefern müssen; wenn Artikel 13 der Reichsverfassung bestimmt, daß alljährlich Bundesrat und Reichstag einzuberufen sind, von dem der erste wohl ohne den Reichstag, dieser aber nicht ohne den Bundesrat versammelt sein kann; wenn das Handelsgesetzbuch feststellt, daß Prokura die Befähigung bedeutet, als Stellvertreter alle zum Handelsbetrieb gehörigen Handlungen gerichtlich oder außergerichtlich mit voller Wirkung vorzunehmen, so sind das Bestandteile der in Deutschland geltenden Rechtsordnung, aber mit Moral haben sie ihrem Inhalte nach nichts zu tun. Umgekehrt gibt es Fälle, wo die Moral sehr wesentlich interessiert ist, das Recht dagegen sich mehr oder minder passiv verhält. Trunksucht ist unter dem sittlichen Gesichtspunkt ein schweres Laster, aber die staatliche Gesetzgebung geht meistens achtlos daran vorüber oder jedenfalls nicht direkt gegen dasselbe vor. Endlich kann das Recht eine Befugnis aussprechen, wo moralische Erwägungen verbieten, Gebrauch davon zu machen, so, wenn ein Schuldner verarmt ist und ihn die von Rechts wegen verfügte Exekution in völliges Elend treiben würde.

Das scheint in der Tat für die Ansicht zu sprechen, daß das Recht zwar eine von der Willkür der Menschen unabhängige, aber auch eine vom Sittengesetz durchaus verschiedene Norm sei. Aber was ist es dann? Ein Produkt der allgemeinen Menschennatur? Die irgendwie zustande gekommene Äußerung eines Gesamtwillens? Oder eine Forderung der Vernunft? Alle diese Meinungen sind in der Tat vertreten worden. An ein Naturprodukt dachte im Grunde auch die historische Rechtsschule, wenn sie davon sprach, daß es der unbewußt schaffende Volksgeist sei, welcher das Recht erzeuge, wie er die Sprache hervorbringe, und von hier aus gegen den Subjektivismus eines vermeintlichen Naturrechts polemisierte und den Zeitgenossen den Beruf zur Gesetzgebung absprach. Sie übersah dabei, daß jener angebliche Volksgeist eine bloße Fiktion ist, ohne selbständige Realität, und sie übersah nicht minder, daß die Sprache eines Volks wohl das Mittel ist, durch welches die Glieder desselben ihre Gedanken und Empfindungen ausdrücken, und daß sie an dieses Mittel gebunden sind, wenn sie sich untereinander verständlich machen wollen, daß aber dieses Gebundensein etwas ganz anderes ist als eine Rechtsnorm, die den Willen einschränkt, – aber übertreten werden kann und tatsächlich übertreten wird. In ganz anderer Weise erscheint das Recht als Naturprodukt bei Thomas Hobbes, auf dessen Gedanken die Schrecken der englischen Revolution ihren Einfluß ausübten. Die Furcht vor dem Kriege aller gegen alle, welcher den staatlosen Naturzustand charakterisiert, im Verein mit dem Selbsterhaltungstriebe hat die Menschen dazu geführt, einen Vertrag abzuschließen, durch welchen ein jeder auf die eigene Willkür und Macht verzichtet und sie einer absoluten Staatsgewalt ausliefert, die nun allein Macht besitzt und für Friede und Ordnung Sorge trägt. Was sie bestimmt, ist Recht, ist erlaubt oder verboten; ein eigenes Urteil hierüber gibt es nicht, denn das Gesetz ist das öffentliche Gewissen. Der Umweg über den Naturzustand und die Berufung auf die blinden Triebe der Furcht und der Selbsterhaltung soll den nackten, alle Menschenwürde mit Füßen tretenden Despotismus verdecken, aber er reicht nicht hin, um den Geboten, welche das Staatsoberhaupt nach eigenem Befinden erläßt, den Ehrennamen des Rechts zu sichern, ganz abgesehen von den Einwürfen, welche sich aus Vernunft und Geschichte gegen eine solche Konstruktion erheben lassen.

Im vollen Gegensatze dazu will Rousseau das Problem lösen, wie das Recht als objektive Norm gelten und doch die Freiheitsbeschränkung der Individuen auf ein Minimum reduziert werden könne. Auch er läßt den Staat aus einem staatlosen Naturzustande hervorgehen, aber er denkt sich denselben im Unterschiede von Hobbes als einen friedlichen und freundlichen, und der Vertrag kommt seiner Meinung nach dadurch zustande, daß die einzelnen ihren Willen zu einem Gesamtwillen zusammenlegen. Dieser Gesamtwille ist es alsdann, der über die einzelnen herrscht, und seine Festsetzungen machen das Recht aus, aber da in ihm ein jeder seinen Willen als einen Teil desselben wiederfindet, so ist es keine fremde Macht, die über ihn herrscht, sondern eine solche, von der er selbst einen Teil bildet. Aber der Lösungsversuch hält vor den Tatsachen des wirklichen Lebens nicht stand. Auch das souveräne Volk, das im demokratischen Kleinstaat zur unmittelbaren Kundgebung seines

Willens berufen ist, wird nur ausnahmsweise seine Beschlüsse mit Einstimmigkeit fassen, in der Regel wird die Mehrheit der Stimmen den Ausschlag geben. In dem normgebenden Willen der Mehrheit finden dann die Mitglieder der Minderheit ihren Willen nicht wieder, und das Recht ist nicht mehr die Schranke, die sie sich selbst gesetzt haben. Warum sollen sie sich unterwerfen? Woher käme jener Willensäußerung der Mehrheit eine verpflichtende Kraft für die Gesamtheit zu? Und wie steht es mit dem Inhalt der erlassenen Vorschriften? Gibt es keinerlei Grenzen für die gesetzgebende Volksmehrheit? Kann sie alles, was sie will, mit rechtlicher Wirkung beschließen, heute dies und morgen jenes? Kein schlimmerer Tyrann als eine vielköpfige Volksmenge! Nicht der Wille der Gesamtheit findet in ihren Beschlüssen seinen Ausdruck, sondern das, was rücksichtslose Parteiführer und ehrgeizige Demagogen im eigenen Interesse ihr abzugewinnen wissen. Das geläuterte Bewußtsein wird stets verlangen, daß die Entschließungen der gesetzgebenden Gewalt dem Rechte entsprechen, und sich nicht dabei beruhigen, daß eine jede darum allein, weil sie gefallen ist, Recht geschaffen habe.

So muß es also einen Maßstab geben, an dem sich herausstellt, ob ein erlassenes Gebot Anspruch habe, als Recht zu gelten. Es muß an ihm ein Merkmal erkennbar sein, wodurch es sich von einem bloßen Machtgebot unterscheidet. Ein solches glaubte Kant gefunden zu haben. Recht ist ihm zufolge der Inbegriff der Bedingungen, unter denen die Willkür des einen mit der Willkür der andern nach einem allgemeinen Gesetze der Freiheit zusammenbestehen kann. Wo jeder seine Willkür grenzenlos ausdehnen wollte, würde er mit jedem andern feindlich zusammenstoßen und jener Hobbessche Krieg aller gegen alle Platz greifen. Nur wenn ein jeder die Sphäre seiner Willkür soweit einschränkt, daß auch die andern neben ihm Raum behalten, ist mit dem Rechte auch der Friede gewahrt. Wer wollte das in Abrede stellen? Und auch noch das weitere wird man Kant zuzugeben geneigt sein, daß, wenn der einzelne seine Sphäre überschreitet und in die eines andern einzudringen versucht, da der Zwang, der ihn zurücktreibt, berechtigt und eine Forderung der Vernunft ist. Die Erzwingbarkeit unterscheidet das Recht deutlich von der Moral, wo der Zwang keine Stelle hat. Sittliches Verhalten bedeutet freie Selbstbestimmung im Sinne des Gesetzes. Darum geht das Recht nur auf die Handlungen, die Moral dagegen in erster Linie auf die Gesinnung. Aber ist mit dem allen schon erklärt, woher dem Rechte sein bestimmter Inhalt kommt und seine verpflichtende Kraft stammt? Vielmehr wird das, was sich als Ergebnis der allseitig gewahrten Rechtsordnung herausstellt, das friedliche Nebeneinanderbestehen der berechtigten Bestrebungen aller, auf eine Formel gebracht, und diese fälschlich für die Begriffsbestimmung des Rechts ausgegeben. In Wahrheit aber bringt sie eine solche nicht, denn sie sagt uns nicht, wo die Grenze liegt, die der einzelne nicht überschreiten darf. Er bleibt im Recht, solange er nicht im Unrecht ist, aber nicht das braucht man uns zu sagen, sondern wieweit die berechtigte Sphäre des einen sich erstreckt, und wo die des andern beginnt. Bleibt etwa der Kräftige im Recht, wenn sich der Schwache widerstandslos vor ihm zurückzieht und so der feindliche Zusammenstoß vermieden wird? Kant spricht freilich von einem allgemeinen Gesetze der Freiheit, aber er sagt nicht, was es enthält. Wieviel Raum die verschiedenen nebeneinander behaupten, wird, solange nichts anderes bestimmt ist, einzig davon abhängen, wieviel Kraft ein jeder dafür einsetzt. Wenn sich als Endergebnis mannigfachen Gegeneinanderwirkens zuletzt ein Zustand des Gleichgewichts herausstellt, so braucht dieser keineswegs das gleiche Maß von Bewegungsfreiheit für einen jeden einzuschließen. Offenbar aber ist die unausgesprochene Meinung, daß jeder den Anspruch auf ein bestimmtes Maß oder einen bestimmten Spielraum zur Betätigung seiner Willkür ursprünglich mitbringe, und daß das Recht berufen sei, diesen Spielraum zu wahren. Aber Inhalt und Umfang dieser Sphäre muß dann anderswoher abgeleitet werden. Erst wenn dies gelungen ist, dürfen wir hoffen, den Grund für die verpflichtende Kraft des Rechts zu finden. Warum soll der Starke seine Willkür einschränken, wenn er mächtig genug ist, die Willkür der andern siegreich zu überwinden?

Die Frage weist deutlich in den früher erörterten Gedankenzusammenhang zurück. Wenn das friedliche Nebeneinanderbestehen der Menschen zu den in der sittlichen Ordnung eingeschlossenen Menschheitszwecken gehört, so ist es eben das Sittengesetz, welches einem jeden vorschreibt, durch sein Handeln diesen Zweck zu fördern, und ihm verbietet, denselben eigensüchtig zu stören und zu hindern. Und wenn das Recht noch besonders zur Wahrung dieses Zustandes berufen ist, so wurzelt es offenbar selbst in der sittlichen Ordnung, ganz so wie oben, als zuerst die Rede darauf kam, angedeutet worden ist.

Um die Stelle zu bestimmen, welche ihm innerhalb derselben zukommt, empfiehlt es sich, an die früher erörterte Frage nach den Mitteln zur Durchführung der sittlichen Ordnung zu erinnern. Sie war oben nur in bezug auf den Einzelmenschen aufgeworfen und hier das Mittel darin erkannt worden, daß das Sittengesetz das Gesetz der menschlichen Natur ist, der Mensch also durch sein Verhalten dem Sittengesetze gegenüber sich selbst sein Schicksal baut. Die sittliche Ordnung besteht, ob der Mensch das Gesetz befolgt oder übertritt. In dem einen Falle kommt er ans Ziel der eigenen Vollkommenheit und Glückseligkeit, im andern Falle büßt er durch den Verlust derselben seine Schuld. Solange es sich nur hierum handelt, um das Leben des Individuums und seine von der Beziehung auf andere freie Betätigung, bleibt der Mensch allein Gott und seinem Gewissen verantwortlich. Und der Wert der Freiheit, die allein sittliches Tun ermöglicht, wird nicht dadurch beeinträchtigt, daß die Möglichkeit der Gesetzesübertretung gleichfalls durch sie gegeben ist. Wo es sich daher schlechterdings nur um die eigene Tat des im vollen Gebrauch seiner Vernunft befindlichen Einzelwesens handelt, ist menschliche Autorität weder befugt noch befähigt, Vorschriften zu geben oder gar durch Zwangsmaßregeln zur Befolgung des Sittengesetzes anzuhalten. Aber der Mensch ist nicht bloß Einzelwesen. Für das Leben in der Gemeinschaft bestimmt, steht er mit andern Menschen in vielfacher tätiger Wechselbeziehung. Wo er durch seine Handlungen in den Bereich dieser Beziehungen eingreift, wo er den Nebenmenschen in der Erfüllung seiner Aufgaben oder sittlich zulässigen Absichten hindert oder sonstwie störend in die Verwirklichung jener früher erörterten Zwecke des menschlichen

Gemeinschaftslebens eingreift, da verzichtet er nicht nur selbst auf die Erreichung des eigenen Zieles, sondern stellt sich darüber hinaus der sittlichen Ordnung feindlich entgegen. Sie bleibt bedroht ohne eine Veranstaltung, welche die sittlich gebotenen oder erlaubten Zwecke gegen fremde Willkür schützt. Es genügt nicht, daß, wer in solcher Weise das Sittengesetz übertritt, der Verachtung der Wohldenkenden, den Vorwürfen seines Gewissens und überhaupt eigener Unseligkeit verfällt, vielmehr muß Vorsorge getroffen sein, um solche Eingriffe zu verhüten und nötigenfalls mit Gewalt zurückzuweisen.

Aber es ist keineswegs die Möglichkeit feindlicher Zusammenstöße, worin die Eingliederung des Individuums in die menschliche Gemeinschaft ihren vornehmlichen Ausdruck findet. Der Mensch soll vielmehr nicht nur friedlich neben den anderen leben, sondern sich zu gemeinsamer Tätigkeit mit ihnen verbinden, wodurch allein zahlreiche Menschheitszwecke zur Verwirklichung gelangen. Die Verbindung zweier oder mehrerer Menschen zur geordneten Erfüllung eines vorgezeichneten Zwecks, möge sie nun auf freiwilliger Übereinkunft beruhen, wie die mannigfachen und wechselnden Aufgaben des Verkehrs es mit sich bringen, oder aber wie die Familie und in weiterem Sinne auch der Staat in der Natur begründet sein, schließt mit Notwendigkeit die gegenseitige Einschränkung der Freiheit der verbundenen Glieder in sich. Der Pflicht des einen, einen bestimmten Beitrag zur Realisierung des Zwecks zu leisten, entspricht jedesmal auf der andern Seite die Befugnis, diese Leistung zu fordern und diese Forderung nötigenfalls unter Anwendung von Zwangsmitteln durchzusetzen.

Nun erst gewinnt die Kantsche Formel einen Inhalt. Der Mensch steht in der Gemeinschaft mit einem bestimmten Umfange von Aufgaben, aus denen sich Pflichten herleiten. Einen Teil jener Aufgaben hat er für sich allein, ein anderer Teil verbindet ihn mit anderen. Nach jener Seite fordert das Sittengesetz von ihm freiwillige Anpassung an die Vorschriften, deren Erfüllung für ihn die Erreichung des eigenen Zieles einschließt. Nach der anderen Seite verlangt es von ihm Einschränkung seiner Freiheit, damit die

Realisierung menschlicher Aufgaben und Zwecke durch andere möglich bleibt. Dort bezieht es sich auf die Gesinnung und sodann auf die rein individuellen Handlungen, hier nur auf Handlungen, und von diesen ausschließlich auf die sozialen. Dort ist es dem Individuum überlassen, wie es sich zum Gesetze stellt, denn es handelt sich nur um seine eigenen Zwecke. Hier dagegen handelt es sich um allgemeine Menschheitszwecke, und daher ergeht an das Individuum von seiten der übrigen die Forderung, sich dem Gesetze zu unterwerfen. Damit ist der Unterschied zwischen dem Bereiche der Moral im engern Sinne und dem des Rechts festgestellt. Recht ist hiernach die Norm, welche den Freiheitsgebrauch des einzelnen einschränkt, weil und soweit dies durch die Erfüllung der allgemeinen Menschheitszwecke erforderlich ist. Hier liegt die Grenze, bis zu welcher ein jeder die Sphäre seiner Willkür ausdehnen darf. Das Recht verbietet Handlungen, durch welche die in der sittlichen Ordnung eingeschlossenen Menschheitszwecke gestört oder verhindert werden, und befiehlt diejenigen, von denen die Erfüllung abhängig ist. Und auch die Erzwingbarkeit des Rechts ist damit erklärt. Wo der einzelne die Sphäre seiner Willkür weiter ausdehnt, wo er fremde Handlungen stört oder Leistungen an andere, zu denen er verpflichtet ist, unterläßt, da verlangt die Aufrechterhaltung der sittlichen Ordnung, daß der feindliche Angriff zurückgetrieben und die pflichtmäßige Leistung erzwungen werde.

Alle diese Momente müssen beachtet und keines darf übersehen werden, wenn der Begriff des Rechts bestimmt und das Gebiet seiner Herrschaft abgegrenzt wird. Das Recht erstreckt sich nur auf Handlungen, nicht auf die Motive, die den einzelnen dazu bestimmen, oder die Gesinnungen, denen sie entstammen. Das Recht erstreckt sich nicht auf das religiöse Leben, welches ganz und gar der autonomen Sphäre des einzelnen überlassen bleibt. Es kann sich nicht auf den freundschaftlichen Verkehr oder die Formen der Geselligkeit beziehen, denn es würde den einen verfälschen und den anderen eine Wichtigkeit verleihen, die sie nicht besitzen, und eine Starrheit verleihen, welche den Fluch der Lächerlichkeit nach sich ziehen müßte. Vielmehr enthält es die Norm für diejenigen Handlungen, welche mit den allgemeinen Menschheitszwecken im Zusammenhange stehen, als Bedingungen oder als Hindernisse ihrer Erfüllung. Erzwingbarkeit aber besagt hier nicht, daß physische Macht in jedem einzelnen Falle vorhanden sein müsse, um den Charakter der Rechtsnorm zu wahren, sondern bezeichnet nur die im Sittengesetz begründete Befugnis, Zwang anzuwenden, wo ein widerstrebender Wille dies nötig macht und die Mittel dazu zur Verfügung stehen.

So also fordert die sittliche Ordnung, zu deren Anerkennung die Vernunft uns hinführt, das Recht, und dieses selbst erscheint damit als Forderung der Vernunft. Aber ist es nicht mehr als dies? Können wir hoffen, auf dem bisherigen Wege fortschreitend, durch vernünftige Deduktionen zu dem gesamten Inhalt der Rechtsordnung zu gelangen? Genügt es, daß die Vernunft im einzelnen Falle eine Einschränkung des Freiheitsgebrauchs als eine erzwingbare Forderung in dem angegebenen Sinne erkennt, damit diese sofort als Rechtsregel gelte? Muß nicht noch ein weiteres dazu kommen? Muß nicht das Recht und jeder Bestandteil desselben, um wirkliches gültiges Recht zu sein, noch irgendwie als solches anerkannt sein, indem es entweder durch staatliche Gesetzgebung ausdrücklich formuliert oder doch wenigstens durch die Gewohnheit innerhalb einer Volksgemeinschaft festgelegt ist, so daß es im Zweifelfalle durch Richterspruch kundgemacht werden kann?

Es ist das vielumstrittene Problem des Naturrechts, welches hiermit aufgeworfen wird. Ältere Zeiten waren nicht zweifelhaft darüber, daß es ein natürliches Recht gebe, welches aus der menschlichen Natur und der Einrichtung der sittlichen Ordnung entspringend, von der Vernunft erkannt und als bindend anerkannt wird. Daher man es auch wohl als Naturrecht bezeichnet hat. Ein Gegensatz zu dem positiven, d. h. dem auf Grund der Gesetzgebung oder der gerichtlichen Praxis in einem bestimmten Staate tatsächlich in Geltung stehenden Rechte brauchte darin nicht zu liegen. Man konnte des Glaubens sein, daß es sich bei dem letzteren nur um eine Verdeutlichung und nachdrückliche Einschärfung dessen handle, was das natürliche Recht vorschreibt. Nur durften die Tatsachen nicht derart sein, daß durch sie ein solcher Glaube erschüttert wurde. Bei den Naturrechtslehrern des achtzehnten Jahrhunderts war er nicht mehr vorhanden. Man liebte es damals, das geschichtlich Gewordene und traditionell Bestehende als ein lediglich Konventionelles anzusehen, ohne eigenen Wert und innere lebendige Kraft, und ihm das Natürliche, das zugleich als das allein Vernünftige erschien, entgegenzusetzen. Man schwärmte für einen erträumten Naturzustand des Menschen und schalt die Kultur als die Quelle alles Übels. Dazu kam, daß die staatlichen Einrichtungen und der Zustand der Gesetzgebung wie der Rechtspflege die Kritik geradezu herausforderten. Im Gegensatze zu den veralteten und unzureichenden Bestimmungen des positiven Rechts entwickelten daher die Lehrbücher des Naturrechts das, was nach der Meinung der Verfasser Recht sein sollte, weil es ihnen als das natur- und vernunftgemäße erschien. Und es blieb nicht bei der bloßen Theorie. Das doktrinäre Bestreben, die in Kraft befindlichen Rechtsnormen auf ihre Vernünftigkeit hin zu prüfen, mündete ein in die große Bewegung der Zeit, welche in der Französischen Revolution weithin vernehmbar ihren Ausdruck fand. Vor der gewaltigen Erschütterung, die Europa durchzitterte, brachen die bestehenden Rechtsordnungen morsch und kraftlos in sich zusammen. Das Wort Naturrecht aber behielt seitdem für manche Ohren einen revolutionären Klang. Im Sinne eines einseitigen Vernünftelns, eines gefährlichen Subjektivismus wurde es von der historischen Rechtsschule verstanden, welche dagegen die früher erwähnte Theorie in Aufnahme zu bringen bemüht war. Die Theorie ist längst aufgegeben und vergessen, aber die Abneigung der Juristen gegen das Naturrecht ist geblieben, ja sie hat sich noch gesteigert, und das Naturrecht hat zurzeit, insbesondere in Deutschland, nicht viele Verteidiger.

Über Worte soll hier nicht gestritten werden. Man mag sich dafür entscheiden, den Namen des Rechts nur und ausschließlich denjenigen Normen menschlichen Gemeinschaftslebens zuzuerkennen, welche durch die Gesetzgebung oder die richterliche Praxis innerhalb eines Gemeinwesens ausdrücklich anerkannt, welche geltendes Recht in diesem Sinne sind. Alles andere und zumal das vermeintliche Naturrecht ist alsdann nicht Recht. Aber das sachliche Problem, um das allein es sich handeln kann, ist damit nicht beseitigt. Oder soll dadurch auch schon das andere ausgesprochen sein, daß der Staat, die staatliche Autorität oder die gesetzgebenden Faktoren im Staate die ausschließliche Quelle des Rechts darstellen? Soll, weil ein bloßer Vernunftschluß aus sich kein Recht zu schaffen vermag, der ausdrücklich kundgegebene oder stillschweigend vorausgesetzte Wille des Gesetzgebers dasjenige sein, was dem Rechte seine auszeichnende Beschaffenheit verleiht? Daß dies nicht ohne jede Einschränkung behauptet werden kann, haben die früheren Erörterungen dargetan. Durch seinen Inhalt und seine verpflichtende Kraft weist das Recht auf die sittliche Ordnung hin. Der Wille des Gesetzgebers kann nicht als Recht stempeln, was dieser Bezeichnung innerlich widerstrebt. Seine rechtschaffende Tätigkeit ist bedingt durch die sittliche Zulässigkeit der erlassenen Vorschriften. Und auf der anderen Seite gibt es doch offenbar Normen zur Regelung des menschlichen Gemeinschaftslebens, deren verpflichtende Kraft einleuchten müßte, auch wenn kein positives Gesetz sie aufführte. Daß ich den friedlichen Nachbar nicht in seinem Leben bedrohen darf, ist mir vollkommen bewußt, auch wenn ich die Strafen nicht kenne, welche das Gesetz auf Mord, Totschlag und Körperverletzung gelegt hat. Und ebenso würde ich auch ohne Gesetz für erlaubt ansehen, mir anzueignen, was notorisch keinem andern gehört. Wenn es gleichmäßig wiederkehrende, in die sittliche Ordnung eingeschlossene Menschheitszwecke gibt, wenn es Handlungen gibt, deren Zusammenhang mit jenen Zwecken ein unmittelbarer und unzweideutiger ist, so bin ich auch ohne positives Gesetz verpflichtet, solche Handlungen je nachdem vorzunehmen oder zu unterlassen. Und auch das weitere, daß es zulässig ist, in solchen Fällen Zwang anzuwenden, hat sich als eine Forderung der Vernunft herausgestellt. Es gibt also unmittelbar einleuchtende, weil in der menschlichen Natur und der sittlichen Ordnung begründete erzwingbare Normen des Gemeinschaftslebens, mag auch der Umfang ihres Geltungsbereichs ein beschränkter sein. Die Grenzen desselben sind schon angedeutet worden. Es bedarf gleichmäßig wiederkehrender

Menschheitszwecke, und der Zusammenhang der Handlungen mit denselben muß ein zweifelloser sein. Aber wie unendlich verschlungen ist das Netzwerk der menschlichen Handlungen, wie selten ist das Verhältnis von Mitteln und Zwecken eindeutig bestimmt, wie schwierig ist es, den Zusammenhang zwischen Veranlassung und Folge mit zweifelloser Sicherheit zu bestimmen! Und zu den ein für allemal gegebenen einfachen Menschheitszwecken, wie das Leben des Individuums, die Familie, fügt der menschliche Verkehr unaufhörlich neue Aufgaben hinzu, welche das Gemeinschaftsleben einschneidend beeinflussen, auch wenn sie mit jenen ersteren nur in einer losen und vielfach vermittelten Beziehung stehen.

Wer nun im Gegensatze zu der herrschenden Meinung der Juristen und dem von ihnen willkürlich vorgeschriebenen Sprachgebrauch an einem Naturrecht festhält, kann darunter nur jene unmittelbar einleuchtenden erzwingbaren Normen verstehen und seine Geltung nur auf die Regelung einfacher Fälle erstrecken, wo über die Anwendbarkeit seiner ganz allgemeinen Bestimmungen kein Streit ist. Sie können nur ganz allgemeiner Art sein, weil sie sich nur auf das Allgemeine und gleichmäßig Wiederkehrende im Menschenleben beziehen. Ihr Wert ist trotzdem kein geringer, denn gegenüber dem Zufälligen, Nebensächlichen und Verwickelten, welches in stetem Wechsel das Leben mit sich bringt, weisen sie auf das Bleibende und allgemein Menschliche hin und geben zuletzt doch wieder die Richtlinien für die Regelung dieses ganzen bunten Getriebes. Das wird in dem weiteren Verlaufe dieser Erörterungen deutlich hervortreten. Der Irrtum aber, in den die Naturrechtslehrer des achtzehnten Jahrhunderts verfielen, bestand darin, daß sie vermeinten, aus jenen allgemeinen Sätzen auf dem Wege logischer Schlußfolgerungen ein ganzes Rechtssystem ableiten zu können. Das ist nicht möglich.

In jenen allgemeinen Sätzen findet der Zusammenhang des Rechts mit der sittlichen Ordnung seinen nächsten, deutlichsten Ausdruck. Man kann sie als Bestandteile des Sittengesetzes bezeichnen, welche sich nur durch das Merkmal der Erzwingbarkeit in dem früher erläuterten Sinne von andern Bestandteilen unterscheiden. Weil aber dies ihre Beschaffenheit ist, so kann auch auf dem Wege logischer Deduktion aus ihnen nichts anderes gewonnen werden als die Bemessung menschlicher Handlungen unter dem Gesichtspunkte ihres sittlichen Werts oder Unwerts, ihrer sittlichen Notwendigkeit, Zulässigkeit oder Verwerflichkeit. Und auch diese logische Deduktion kann nur in der Weise geschehen, daß die allgemeinen Sätze auf die verschiedenen Aufgaben und Einrichtungen des Gemeinschaftslebens und die damit im Zusammenhange stehenden menschlichen Handlungen angewandt werden. Zu einem System, einer endgültig abschließenden Zusammenfassung läßt sich hier niemals gelangen, zumal alle diese Dinge in den Fluß der Entwicklung hineingestellt sind. Dazu kommt, daß der ethische Wert nicht allein die Normen des Zusammenlebens bestimmt. Auch die Nützlichkeit wirkt in weitem Umfange darauf ein, und um so mehr, je weniger die allein von ethischen Gesichtspunkten geleiteten Erwägungen ausreichen, um in allen Fällen zu einer jede andere Möglichkeit ausschließenden Entscheidung zu gelangen. Aus der allgemeinen Forderung, die man nach dem oben Gesagten als eine naturrechtliche bezeichnen kann, daß alle Bürger zu den Lasten des Staatswesens beitragen müssen, führt noch kein Weg zu einer besonderen Form der Besteuerung, und aus dem einleuchtenden Satze, daß jedem sein Recht werden müsse, lassen sich noch nicht die einzelnen Regeln des Zivil- oder Strafprozesses ableiten. Jede Neuerung auf dem Gebiete des Verkehrswesens stellt neue Fragen an die Gesetzgebung, die nicht nur im Sinne der Gerechtigkeit – das ist der ethische Wert –, sondern auch im Sinne der Zweckmäßigkeit beantwortet werden müssen. Es gibt kein natürliches Staatsrecht oder Handelsrecht oder Prozeßrecht, das für alle Zeiten und Völker die zutreffenden und ausreichenden Bestimmungen getroffen hätte oder jemals treffen könnte. Hier kann überall Recht nur positives Recht sein.

Nun aber erhebt sich die Frage, woher den Bestimmungen des positiven Rechts die verpflichtende Kraft zukommt, durch welche sie sich, wie wiederholt eingeschärft worden ist, von bloßen Machtgeboten unterscheiden. Zur Beantwortung ist an die früher vorgenommene Unterscheidung zu erinnern zwischen Geboten, die auf Grund ihres Inhaltes verpflichten, und solchen, die verpflichten, weil sie von Personen erlassen sind, denen gegenüber wir zum Gehorsam verbunden sind. Wir können auch sagen: von solchen, die zu befehlen ein Recht haben. Selbstverständlich aber kann dieses Recht im letzten Grunde nicht wieder auf positiver Rechtssetzung beruhen, es muß ein unmittelbar einleuchtendes, in der Natur begründetes sein. Die Aufrechterhaltung der sittlichen Ordnung verlangt eine erzwingbare Norm für menschliches Gemeinschaftsleben. Soweit dieselbe nicht in einer unzweideutigen und für alle evidenten Weise in den Aussprüchen der Vernunft gegeben ist, muß sie durch eine dazu berufene Autorität vorgezeichnet werden. Auf Grund des natürlichen Rechts schreibt diese vor, was als positives Recht zu gelten hat, und fordert Gehorsam um der Aufrechterhaltung der sittlichen Ordnung willen. So ist nicht zu fürchten, daß ein eingebildetes Naturrecht die Sicherheit und Bestimmtheit des geltenden Rechts untergrabe, wohl aber ist daran festzuhalten, daß nur aus ihm die staatliche Autorität die Legitimation zu positiver Rechtssetzung gewinnt. Zieht man vor, den Namen gänzlich zu beseitigen, so wäre zu sagen, daß das Recht in zweifacher Weise auf dem Grunde der sittlichen Ordnung ruht. Einmal, sofern ein Teil seiner Bestimmungen Konsequenzen des Sittengesetzes in seiner Anwendung auf die sozialen Handlungen darstellt, daher diese um ihres Inhalts willen verpflichten. Sodann aber, weil ein friedliches und geordnetes Gemeinschaftsleben, wie es die Aufrechterhaltung der sittlichen Ordnung verlangt, nur möglich ist, wenn die Mitglieder eines Gemeinwesens sich den Anordnungen der Obrigkeit fügen, die Unterwerfung unter das Rechtsgesetz somit als sittliche Pflicht erscheint. Nachdem indessen so, wie hier geschehen, das sachliche Verhältnis klargestellt ist, sehe ich nicht, warum man sich nicht des alten Namens innerhalb der deutlich gemachten Grenzlinien auch weiterhin bedienen könnte.

Aber auch auf das Verhältnis von Recht und Moral, wovon im Anfange dieses Kapitels die Rede war, fällt nunmehr Licht zurück. Von den dort aufgezählten Fällen bedarf derjenige keiner nochmaligen Erörterung, wo das Gesetz etwas befiehlt, was mit der Moral schlechterdings nichts zu tun hat. Es verpflichtet trotzdem, weil es Bestandteil des in einem Gemeinwesen geltenden Rechts ist. Wenn sodann in einem anderen Falle das Recht keine Bestimmungen trifft, obwohl moralisch verwerfliche Handlungen in Frage stehen, so sind dies eben Handlungen, welche als der autonomen Sphäre des Individuums angehörig erachtet werden. Wer durch Trunksucht seine Gesundheit untergräbt, seine geistigen Kräfte schwächt, sein Vermögen ruiniert, schädigt damit sich selbst, und solange er nur dies tut, ist menschliche Autorität nicht befugt, ihn daran zu hindern. Anders freilich, wenn er durch sein lasterhaftes Verhalten in die Rechtssphäre anderer eingreift, indem er etwa seiner Familie entzieht, was zur Unterhaltung derselben erforderlich ist. Aber das, wogegen sich alsdann die Gesetzesbestimmung und der rechtliche Zwang richten, ist nicht die Trunksucht als solche, sondern die dadurch veranlaßte Schädigung anderer Personen. Nicht überall freilich lassen sich die Grenzen ein für allemal mit zweifelloser Bestimmtheit ziehen. Die spätere Erörterung wird gelegentlich zu zeigen haben, daß die autonome Sphäre bald enger, bald weiter gezogen wurde, und die Gesetzgebung ein Übergreifen in die fremde Rechtssphäre bald früher, bald später angenommen hat. Wenn im allgemeinen in der Neuzeit, im Unterschiede von dem klassischen Altertum und dem christlichen Mittelalter die Tendenz vorwiegt, das Gebiet der Moral im Sinne der individuellen Sittlichkeit zu erweitern, so hat auch umgekehrt der Fortschritt der Kultur wiederholt die Notwendigkeit herausgestellt, Gebiete, welche bis dahin der rechtlichen Regelung nicht unterlagen, derselben zu unterwerfen. Es bleibt noch der Fall, wo das Recht eine Befugnis erteilt, die Moral aber verbietet, davon Gebrauch zu machen.

Rechtsnormen können nur berücksichtigen, was in der Regel eintritt, und nur vorschreiben, was Gerechtigkeit und Zweckmäßigkeit in der Mehrzahl der Fälle als das Zutreffende verlangen. Sie geben damit nur einen allgemeinen Rahmen und überlassen es der individuellen Sittlichkeit, wie sie denselben ausfüllt. Das gilt ganz ebenso da, wo das Recht befiehlt, wie da, wo es eine Befugnis erteilt. Das Recht verlangt, daß der Vater ein gewisses Maß seines Vermögens für Ernährung, Kleidung, Unterricht seiner Kinder aufwende, aber die liebevolle, fürsorgliche Hingabe an die Elternpflicht kann es nicht vorschreiben und noch weniger erzwingen. Es tritt ebenso ein für die Durchführung der Verträge, für die Sicherstellung des Gläubigers, wieweit aber derselbe in der Geltendmachung seiner Ansprüche gehen will, bleibt ihm und seinem Gewissen überlassen.

Eine Frage von weittragender Bedeutung schließt sich hieran an. Es wurde anerkannt, daß es Gebote mit rechtlich verpflichtender Kraft gibt, deren Inhalt sittlich gleichgültig ist. Es wurde festgestellt, daß es sittliche Pflicht ist, den Anordnungen der Obrigkeit Folge zu leisten. Eingeschärft wurde jedoch zugleich, daß die Obrigkeit nicht jedes Willkürgebot zum Rechte stempeln könne, sondern nur das, was an den Forderungen der sittlichen Ordnung gemessen, sich als notwendig oder zulässig herausstellt. Wie aber, wenn die Obrigkeit sich über diesen Vorbehalt hinaussetzt, wenn sie ein Gebot erläßt, welches jenen Forderungen widerspricht? Was ist alsdann das pflichtmäßige Verhalten der Mitglieder des Gemeinwesens einem solchen Gebote gegenüber?

Beides, das Recht zu befehlen und die Pflicht zu gehorchen, wurzeln im Sittengesetz. Daraus ergibt sich sogleich, daß das eine nicht weiter reichen kann als die andere. Trotzdem macht die Verwicklung und Vielgestaltigkeit menschlicher Lebensverhältnisse eine Unterscheidung notwendig. Wenn das Gesetz oder Gebot seinem Inhalte nach in einem direkten und notorischen Widerspruche steht mit einem Gebote des Sittengesetzes, so kann von pflichtmäßiger Unterwerfung nicht mehr die Rede sein. Ein solches Gesetz oder Gebot darf nicht befolgt werden, und die Geschichte kennt zahlreiche Beispiele, wo es um des Gewissens willen nicht befolgt worden ist, trotz aller Schrecken, mit denen die Machthaber es umgeben hatten. Niemand kann behaupten, daß der Fortschritt der Kultur die Wiederkehr solcher Konflikte für immer beseitigt hätte. Es kann aber auch sein, daß ein Gesetz oder Gebot nicht unsittlich ist, wie in dem soeben besprochenen Falle, aber dennoch ungerecht. Es kann ungerecht sein, weil die Obrigkeit, die es erlassen hat, damit über die Befugnisse hinausgegangen ist, welche ihr nach Einrichtung und Herkommen zustehen, oder die Bedingungen nicht eingehalten wurden, an welche verfassungsmäßig der Erlaß eines Gesetzes gebunden ist. Oder es ist ungerecht, weil es im einseitigen Interesse einzelner Bevölkerungsteile erlassen ist, während andere dadurch bedrückt werden. Alsdann ist die Lage keine so einfache. Es kommt auf die Bedeutung des Gegenstandes an und den Grad, in welchem ein solches Gesetz gegen das formale Recht verstößt oder sich seinem Inhalte nach von den Forderungen der Gerechtigkeit entfernt. Handelt es sich um einen evidenten Rechtsbruch, eine zweifellose Verletzung der Gerechtigkeit, so ist eine Pflicht der Gehorsamleistung nicht mehr vorhanden. Das Gesetz oder Gebot darf übertreten, die Folgen der Übertretung aber müssen getragen werden. Auch hier gibt es sittliche Größe zu bewundern. Aber wenn es erlaubt sein kann, ein solches Gesetz nicht zu befolgen, so ist doch umgekehrt die Befolgung nicht unter allen Umständen unerlaubt. Wenn ein Gesetz nicht oder nicht in einer jeden Zweifel ausschließenden Weise gegen das Sittengesetz verstößt, wenn Umstände vorhanden sind, welche die formelle Rechtsverletzung in milderem Lichte erscheinen lassen, wenn die Übertretung für den einzelnen mit schweren Nachteilen verbunden ist, so kann die Befolgung erlaubt sein. Die große Mehrheit wird es jederzeit vorziehen, eine ungerechte Steuer zu bezahlen, statt sich den Unannehmlichkeiten auszusetzen, welche eine Steuerverweigerung nach sich ziehen müßte. Ja es ist denkbar, daß ein Gesetz, welches wegen der Art, in der es zustande gekommen ist, oder auch seines Inhalts wegen nicht als ein gerechtes anzusehen ist, dennoch befolgt werden muß. Der Fall ergibt sich dann, wenn die Auflehnung gegen das Gesetz zu schweren Erschütterungen des Gemeinwesens führen müßte. Die Befolgung des ungerechten Gesetzes ist hier das kleinere Übel und die Aufrechterhaltung von Friede und Ordnung der höhere Zweck.

Drittes Kapitel: Der Staat

Aus den Höhen metaphysischer Spekulation hat das vorige Kapitel ganz nahe zu den Einrichtungen und Vorkommnissen des menschlichen Lebens hingeführt. Denn das Recht ist die Norm des Gemeinschaftslebens, die in der sittlichen Ordnung wurzelnd, in gewissen obersten Grundsätzen als bloßes Vernunftgebot zur Einschränkung des Freiheitsgebrauchs verpflichtet, in allen Einzelbestimmungen dagegen ein zeitlich und räumlich bestimmtes menschliches Gemeinwesen voraussetzt, innerhalb dessen sie gilt, weil sie von der dazu berufenen Autorität festgestellt ist. So deutet das Recht bereits seinem Begriffe nach hin auf den Staat.

Staatliche Gebilde sind in der Geschichte der Menschheit aufgetreten, längst ehe das Bedürfnis erwachte, sich über den Begriff des Staates Rechenschaft zu geben, und sie haben im Ablaufe der Zeiten sehr verschiedene Gestalt angenommen. Sucht man nach einem Merkmal, unter welchem sich die sämtlichen zusammenfassen lassen, so wird sich als das Nächstliegende und äußerlich erkennbare das herausstellen, daß im Staate eine Vielheit von Menschen zu einer Einheit verbunden ist. Aber bloße geographische Zusammengehörigkeit machen den Staat noch nicht aus. Man kann sich vorstellen, daß auf einem Gebiete, welches durch natürliche Grenzen von anderen Gebieten deutlich geschieden ist, getrennte Gruppen von Ansiedlern nebeneinander wohnen. Man könnte sie als eine geographische Einheit ansehen, ein Staat wären sie nicht. Auch dann nicht, wenn die einzelnen gelegentlich in Verkehr miteinander träten, um die Produkte ihrer Arbeit gegeneinander auszutauschen. Und auch ein näheres Zusammenrücken, eine Vereinigung von vielen zur Erfüllung irgendwelcher gemeinsamer Aufgaben reicht dazu nicht hin. Vereinigungen dieser Art finden sich innerhalb der Staaten und können über die einzelnen hinausragen. Eine Eisenbahnanlage, ein Kanalbau versammelt für längere oder kürzere Zeit eine große Zahl von Arbeitern um den gemeinsamen Zweck, den sie in einstimmiger Arbeit bei gleicher Lebensweise fördern. Einen Staat bilden sie so wenig, wie ein wissenschaftlicher Verein einen solchen bildet, mögen auch die Mitglieder desselben in regster geistiger Verbindung miteinander stehen. Selbst Übereinstimmung in Sprache und Sitte und allen nationalen Eigentümlichkeiten, die auf gemeinsamer Abstammung, auf Blutsverwandtschaft, beruhen, führen nicht notwendig zum Staat und bilden nicht die unentbehrliche Voraussetzung. Ein und dasselbe Volk kann in mehrere Staatengebilde zerfallen und ein Staat Angehörige verschiedener Volksstämme einschließen.

Das entscheidende ist, daß die vielen zu einer dauernden Lebensgemeinschaft verbunden sind, die nicht erlischt mit dem Tode der einzelnen Mitglieder, sondern sich in der Reihenfolge der Generationen erhält, zu einer wirklichen Lebensgemeinschaft, die eben darum auch Organe dieses gemeinsamen Lebens und wegen der Einheitlichkeit desselben ein oberstes Organ des Gemeinschaftslebens besitzt. In diesem obersten Organe findet der Wille der Gesamtheit seinen Ausdruck, der nicht auf das gehen kann, was jeder einzelne für sich erstrebt, sondern auf das gerichtet ist, was der Gesamtheit als solcher frommt, und der eben darum und im Interesse der Gesamtheit die Norm des Gemeinschaftslebens vorschreibt. Das oberste Organ ist daher zugleich die höchste Autorität, die Obrigkeit, in deren Anerkennung den vielen ihre Einheit zum deutlichen Bewußtsein kommt. Sie sind Bürger desselben Staates, weil sie unter der gleichen Obrigkeit und nach den gleichen, von dieser erlassenen Gesetzen leben. Somit ergibt sich als der allgemeinste Begriff des Staates, daß er die dauernde Verbindung einer Vielheit von Menschen ist unter einer gemeinsamen Obrigkeit zur geordneten Erfüllung aller Zwecke des Gemeinschaftslebens.

Aber wie kommt eine solche Verbindung zustande, wie entsteht ein Staat? Die Frage nach dem Ursprung des Staats hat durch Theorien, von denen im vorigen Kapitel die Rede war, eine ganz bestimmte Zuspitzung erhalten. Mit großer Leidenschaftlichkeit ist eine Zeitlang für und gegen die Lehre gestritten worden, welche man an den Namen Rousseaus anknüpfte, und wonach der Staat durch Vertrag entstanden sein sollte. Für K. L. von Haller und seine Freunde war sie die eigentliche Quelle aller revolutionären Verderbnis, welcher durch eine völlige Erneuerung, die Restauration der Staatswissenschaft, entgegengearbeitet werden müsse. Heute, wo der Streit in dieser Form längst verstummt und die leidenschaftliche Erregung gewichen ist, gilt es zunächst, die beiden Probleme auseinander zu halten, welche die Formel von der Entstehung des Staats durch Vertrag verdeckt, und welche in der Hitze des Kampfes oft genug durcheinander geworfen worden sind.

Rousseau hatte von einem Naturzustande gesprochen, aus dem die Menschen freiwillig heraustraten, um sich durch einen Vertrag, den Gesellschaftsvertrag, zu einem bürgerlichen Gemeinwesen zu verbinden. Das konnte so verstanden werden, als handle es sich darum, den Hergang zu schildern, durch welchen der Staat, also jeder Staat, ursprünglich entstanden sei. Von einem solchen Hergange aber wissen wir nichts. Kein glaubhaftes Zeugnis der Geschichte führt in eine Periode zurück, in welcher die Menschen ein idyllisches Dasein führten, bis sie sich zu einer gegebenen Zeit – man weiß nicht warum? – dazu entschlossen, dasselbe mit der Prosa eines bürgerlichen Gemeinwesens zu vertauschen. Die Geschichte kennt den Menschen nur als Mitglied eines solchen, eines Staates oder doch einer staatähnlichen Gemeinschaft. Daß Vertragsschließung in der Entwicklung der Staaten niemals eine Rolle gespielt habe, wird damit nicht behauptet, nur niemals so, daß sie den ersten Anfang bezeichnet hätte, der auf einen staatlosen Zustand gefolgt wäre. Bis dahin getrennte Gebilde mögen sich zu einem größeren Staatswesen verbunden haben; Machtfaktoren innerhalb eines Staates, die bisher feindlich einander gegenüberstanden, konnten sich die Hand reichen, um von nun an gemeinsam die Herrschaft zu führen. Wahlkönige haben Verträge mit den Großen des Reichs geschlossen und Abkömmlinge erblicher Dynastien den Eid auf eine neu vereinbarte Verfassung geleistet. Stets hat es sich hier nur darum gehandelt, die Form des staatlichen Lebens zu ändern oder eine bestimmte Richtung desselben vorzuzeichnen, niemals dasselbe allererst wie eine neue Erfindung zu begründen, auch nicht bei der Gründung von Kolonien, die man am ehesten geneigt sein könnte, als Beispiel hierfür anzurufen. Denn die Stifter derselben kamen niemals von einem staatlosen Zustande her, sondern sie verpflanzten staatliches Leben, in das sie ursprünglich hineingeboren waren, auf einen neuen Boden. Aus der alten Heimat brachten sie die Begriffe von sozialer Gliederung und staatlicher Ordnung mit und die Überzeugung von der Notwendigkeit, daß der einzelne sich der Gesamtheit unterwerfe und dem im Namen derselben handelnden obersten Organe Folge leiste. Sie wußten um den Staat als um einen gegebenen Zweck, den sie in ihrer Weise neu zu realisieren sich anschickten, und sahen in ihm nicht das freie Erzeugnis ihrer Willkür, das sie nach eigenem Ermessen meistern konnten. Bei den Vertretern der Vertragstheorie ist zudem immer nur von vertragschließenden Individuen die Rede, als ob es je isolierte Menschheitsatome hätte geben können! Der Mensch hat sein Dasein und seinen Bestand nur in und durch die menschliche Familie. Sie ist die unmittelbar in der Natur begründete erste Gestaltung menschlichen Gemeinschaftslebens, das ursprünglichste soziale Gebilde, an sie also hätte die Staatengründung anknüpfen müssen, auch wenn sie im übrigen auf dem Wege der Vertragsschließung erfolgt wäre.

Aber die Familie ist noch nicht selbst der Staat. Gewiß steht in der patriarchalischen Familie, von der hier immer, wie früher bemerkt, ausgegangen werden muß, der Vater als das Haupt an der Spitze, dem Frau und Kinder unterworfen sind. Man mag sich vorstellen, daß daran weiter auch die Familien der Söhne und Enkel sich anschlossen, und die sämtlichen sich als eine dem gemeinsamen Stammvater untergebene Einheit fühlten. Aber das Band, das sie zusammenhielt, war aus der natürlichen Zuneigung und dem natürlichen Schutzbedürfnis, aus Gattenliebe und Elternliebe, aus kindlicher Pietät und angeborenem Wohlwollen als aus ebensovielen Fäden zusammengesponnen. Staatliche Einheit dagegen ist nicht an die Blutsverwandtschaft geknüpft, und die Lebensgemeinschaft, zu welcher sie die vielen vereinigt, erschöpft sich nicht mit den Interessen eines Hauses oder einer Sippe. Aber aus der Familie kann möglicherweise ein Staat hervorgehen. Man denke sich dieselbe allmählich zum Stamm erweitert, die einzelnen engeren Gruppen, in welche derselbe sich sondert, über ein größeres Gebiet ausgebreitet. Dann lockern sich naturgemäß die Bande, welche die Blutsverwandtschaft geflochten hatte. Aber noch treibt man die Herden über die gemeinsamen Weidegründe, noch bebaut man gemeinsame oder unmittelbar nebeneinander liegende Ackerflächen. Das schließt eine Summe gemeinsamer Interessen, aber auch eine Quelle möglicher Zwistigkeiten ein, die geschlichtet werden müssen, damit Friede und Ordnung gewahrt bleiben. Und dazu kommt die Notwendigkeit, sich und das okkupierte Gebiet und das gesamte Besitztum gegen die Überfälle räuberischer Nachbarn zu schützen und zu verteidigen. So treten in der Lebensgemeinschaft sofort zwei Aufgaben deutlich hervor, deren Erfüllung die Gesamtheit angeht, wenn auch nicht alle einzelnen an der Ausführung gleichmäßig beteiligt sind: Verteidigung gegen äußere Feinde und Wahrung von Friede und Ordnung im Innern. Beides aber verlangt ein Organ des Gemeinschaftslebens, welches in erster Linie zur Erfüllung dieser Aufgaben berufen ist, als oberster Führer im Kampf und als oberster Richter und Gesetzgeber im Frieden. Beides kann ein Patriarch sein, zu dem das Volk in scheuer Ehrfurcht aufblickt. Aber Staatsoberhaupt ist er alsdann nicht, weil er der gemeinsame Stammvater, sondern weil er das oberste Organ des die einzelnen Häuser und Familien umschließenden Gemeinschaftslebens ist.

Überall ist ein Staat da vorhanden, wo ein solches Organ oder, was damit gleichbedeutend ist, wo eine gemeinsame Obrigkeit vorhanden ist, deren Anordnungen sich alle einzelnen im Interesse der Gesamtheit unterwerfen, wie sie im Namen der Gesamtheit erlassen sind. Nach dem Ursprunge des Staates fragen, heißt daher nach den Umständen fragen, welche ein solches oberstes Organ oder eine solche Obrigkeit entstehen lassen. Im vorangehenden wurde die Möglichkeit eines allmählichen Herauswachsens aus der Familie erörtert, indem Bedürfnis und Gewöhnung in unmerklichem Übergang den Patriarchen zum anerkannten obersten Organe des Gemeinschaftslebens werden lassen. Gewöhnung und das nun auch deutlich erkannte Bedürfnis führen weiterhin dazu, die Stelle, die durch den Tod des Patriarchen leer geworden ist, durch seinen ältesten Sohn oder wer sonst als der nächste hierzu erscheint, wiederum zu besetzen. Der Vorgang läßt sich ausdeuten, indem wir von der Beschaffenheit der Menschennatur und den Vorkommnissen des Lebens ausgehen und nach Analogie des uns Bekannten auf Zustände und Ereignisse einer fernen Vergangenheit zurückschließen. Denn historische Zeugnisse gibt es auch dafür nicht, eher weisen die vorhandenen nach einer anderen Richtung, nicht auf die friedliche Entwicklung, sondern auf den Krieg. Daß auch bei friedlicher Entwicklung und dieselbe fördernd die Notwendigkeit eintreten kann, den Stamm und sein Eigentum gegen feindliche Angriffe zu verteidigen, wurde schon bemerkt. Unzweifelhaft aber hat der Eroberungskrieg in der Entstehung der Staaten eine entscheidende Rolle gespielt. In dem siegreichen Heerführer, der zum Herrscher des eroberten Landes wird, ist das oberste Organ des Gemeinschaftslebens gegeben. Es ist nicht mehr bloß eine mehr oder minder wahrscheinliche Vorstellungsweise, wenn wir davon sprechen, daß ein erobernder Stamm in das Gebiet einer seßhaften Bevölkerung eingedrungen ist, um sodann die Besiegten und Unterworfenen in seine Interessengemeinschaft einzugliedern. Griechen, Römer und Kelten haben in den von ihnen besetzten Ländern Ureinwohner vorgefunden; anderwärts hat man mehrere Schichten aufeinander folgender Völkerschaften nachgewiesen. Ein Staat aber konnte aus Krieg und Gewalttat immer nur dann entstehen, wenn Sieger und Besiegte zu einem Ganzen zusammenwuchsen und einem Haupte unterstanden, der selbst zum Ganzen gehörte.

Aber durch geschichtliche oder an die Geschichte angelehnte Betrachtungen dieser Art wird das noch nicht widerlegt, was für Rousseau bei seiner Theorie das entscheidende war. Das Problem, das ihn beschäftigte, war ein anderes. Wenn er den Staat durch Vertrag zustande kommen läßt, so liegt ihm nichts an dem geschichtlichen Hergang, alles vielmehr daran, das Verhältnis der im Staate verbundenen Bürger zueinander und zur Obrigkeit als ein vertragsmäßiges hinzustellen. Sie haben sämtlich auf Grund freier Entschließung ihren Einzelwillen zu einem Gesamtwillen zusammengelegt, der nun im Namen aller über alle herrscht. Daß ein solcher Gesamtwille eine bloße Fiktion ist, welche von der Wirklichkeit in den seltensten Fällen bestätigt wird, in der Regel vielmehr, auch in dem freiesten republikanischen Gemeinwesen, der Wille der Mehrheit die Herrschaft führt, ist schon bemerkt worden. Zugleich wurde hervorgehoben, daß den Befehlen lediglich darum, weil sie von der Mehrheit ausgehen, unmöglich eine die Minderheit verpflichtende Kraft innewohnen könne. Jetzt aber ist des weiteren daran zu erinnern, auf wie schwachem Grunde der Staat aufgebaut wäre, wenn ihn nichts als der freiwillig eingegangene Vertrag seiner Bürger stützte und zusammenhielte. Denn ein solcher Vertrag könnte im besten Falle nur diejenigen binden, die ihn geschlossen haben, nicht aber die nachfolgende Generation, die ihn vorfindet. Aus ihr werden diejenigen bereit sein, für das bestehende Staatswesen einzutreten, welche dabei ihren Vorteil finden, schwerlich aber die, bei denen dies nicht der Fall ist. Warum sollen die Mitglieder einer überstimmten und übervorteilten Minderheit den Fortbestand eines Zustandes wollen, den sie nicht herbeigeführt haben, und der ihren Interessen und Wünschen nicht entspricht? Sie werden den Vertrag kündigen, oder vielmehr sie werden der Meinung sein, daß ein von den Vorfahren geschlossener Vertrag keine Schranke ihrer Willkür bilden könne. Dann wird möglicherweise die Mehrheit, oder wer durch die Gunst der Verhältnisse an die Spitze gelangt ist, sie mit Gewalt in diese Schranken zurückweisen und damit nun erst recht den Nachweis erbringen, daß ein vertragsmäßiges, dem Ermessen der einzelnen anheimgestelltes Verhalten nicht das ist, was die Bürger miteinander verbindet. Der Staat ist seinem Begriffe nach eine dauernde Lebensgemeinschaft, und darum kann er nicht durch ein Vertragsverhältnis in seinem Wesen bestimmt sein, weil sonst die mögliche Aufhebung des Vertrags jeden Augenblick seinen Fortbestand in Frage stellen würde.

Aber die im vorigen Kapitel geführte Untersuchung hat ja auch weit über eine derartige Auffassung hinausgeführt. Sie hat gezeigt, daß die Ordnung des sozialen Lebens das Recht verlangt. Sie hat weiter gezeigt, daß die Aufstellung der Rechtsnorm und die Durchführung der Rechtsordnung innerhalb eines bestimmten Menschheitskomplexes eine anerkannte Autorität erfordert, welche ihre Legitimation zuletzt aus der Aufrechterhaltung der sittlichen Ordnung herleitet, oder, was damit gleichbedeutend ist, welche ihren Grund im natürlichen Rechte besitzt, und welche demgemäß befugt ist, im Rahmen des Sittengesetzes festzustellen, was für diesen Menschheitskomplex und innerhalb desselben als Recht zu gelten hat. Von der andern Seite ergab sich sodann als das entscheidende Merkmal für das Vorhandensein eines Staats dieses, daß eine Vielheit von Menschen durch ein oberstes Organ des Gemeinschaftslebens zur Einheit verbunden ist, und zugleich wurde als die wichtigste Funktion dieses Organs die Aufrechterhaltung der sozialen Ordnung erkannt. Nimmt man beides zusammen, so ist jene mechanische oder individualistische Auffassung endgültig überwunden. Denn der Staat ist alsdann ursprünglich in die sittliche Ordnung eingeschlossen und in seiner Bestimmung und seinen wesentlichen Bestandteilen der Willkür der einzelnen entzogen. Die Menschen sollen sich zum Staate zusammenschließen. Sie sind von Natur für das Leben in der Gemeinschaft bestimmt, und die von ihnen in gemeinsamer Tätigkeit zu lösenden Aufgaben verlangen größere, eine Vielheit von Familien in sich befassende Verbände. Staat und Recht gehören aufs engste zusammen; beide sind erforderlich, damit menschliches Gemeinschaftsleben seinen geordneten Verlauf gewinnen, und die Menschheit auf den verschiedenen Punkten der Erde zur Entfaltung ihrer Kräfte, zur Unterwerfung der Natur und Erzeugung aller Kulturwerte in Wirtschaft und Technik, in Wissenschaft und Kunst gelange.

Daher kann man sehr wohl sagen und damit den weitesten Abstand von der Rousseauschen Lehre bezeichnen, daß der Staat auf göttliche Anordnung zurückgehe. Nur muß das Wort richtig verstanden werden. Es will nicht besagen, daß irgendwann und irgendwo ein göttliches Gebot zur Staatengründung in sinnfälliger Gestalt, als ein historisches Faktum, an die Menschheit herangetreten sei. Aber wie der Naturlauf, der seine Wirksamkeit dem göttlichen Schöpferwillen verdankt, die Elemente zusammenführt, welche physikalischen und chemischen Gesetzen folgend miteinander die organischen Gebilde aufbauen und in ihnen Zwecke realisieren, so wirken Bedürfnis, Geselligkeitstrieb, Gewöhnung und mit ihnen eine Reihe mannigfaltiger und wechselnder geschichtlicher Vorkommnisse zusammen und bringen die Menschen dahin, Staaten zu bilden. Es hat einen guten Sinn und ist nicht bloß ein bildlicher Ausdruck, wenn man den Staat einen Organismus nennt. Denn der Zweck, zu dessen Verwirklichung die Menschen in ihm verbunden sind, ist von der Willkür der einzelnen unabhängig. Längst schon war die Verwirklichung unter dem Einfluß der aufgezählten Faktoren unternommen, ehe die beginnende Reflexion ihn für das Bewußtsein deutlich herausstellte. Der Staat ist da, weil das Bedürfnis ihn notwendig macht und die Gewöhnung seinen Bestand sichert, aber nur darum, weil er sein soll, ist das oberste Organ des Gemeinschaftslebens zugleich die Autorität, deren Anordnungen verpflichten, auch wo sie inhaltlich mit keinem Gebot des Sittengesetzes zusammenhängen. Weil der Staat ein in die sittliche Ordnung eingeschlossener Menschheitszweck ist, sind Aufrechterhaltung der staatlichen Gemeinschaft, Befolgung der staatlichen Gesetze, Unterordnung unter die staatliche Autorität an sich selbst sittliche Forderungen.

Der Staat ist daher kein bloßer Notbehelf und nicht das kleinere Übel, das man erwählen muß, um die schlimmen Folgen zu vermeiden, welche ein anarchischer Zustand voraussichtlich mit sich bringen würde. Er ist ein Gutes und Wertvolles und hat Anspruch auf die freudige Hingabe der Bürger an seine Aufgaben. Damit ist sogleich Stellung genommen gegen eine immer wieder auftauchende Behauptung, als ob nach der Lehre der katholischen Kirche oder doch wenigstens nach der Lehre der mittelalterlichen Theologen der Staat etwas Sündhaftes wäre. Möge man sich doch von dem größten unter ihnen, von Thomas von Aquin, überzeugen lassen, welcher die Meinung, als ob es im Stande der Unschuld einen Staat nicht gegeben haben würde, sehr bestimmt ablehnt. Die Aussprüche aber, auf die man sich zur Begründung der gegenteiligen Behauptung beruft, haben den Sinn nicht, den man darin findet. Niemals wollen sie sagen, daß der Staat an sich etwas Böses wäre, etwas also, was nicht sein sollte. Wenn sie ihn trotzdem mit der Sünde in Verbindung bringen, so können zwei Gedanken hierfür bestimmend sein. Das eine Mal führen sie aus, daß die Zwangsgewalt, durch welche der Staat die Widerstrebenden unter das Gesetz beugt, oder mittels deren er den Übertreter straft, im Stande der Unschuld, wo jeder aus sich selbst das Gute und Rechte getan haben würde, nicht erforderlich gewesen wäre. Aber weder leiten sie daraus die Entbehrlichkeit des

Staates in jeder Form für einen solchen Zustand ab, noch wollen sie gar behaupten, daß der Staat so, wie er durch den Sündenfall notwendig geworden ist, selbst etwas Sündhaftes wäre. Auch nach ihrer Meinung ist er vielmehr etwas Gutes, und gerade dies, daß er das Schwert führt, um die Übeltäter zu bestrafen, macht einen Teil seines Wertes aus. Oder aber sie denken an die einzelnen konkreten Staatengebilde und sprechen davon, daß deren Gründung und Entfaltung nur allzuoft von Krieg und Gewalttat aller Art begleitet gewesen, und daß sie insofern aus der Sünde entsprungen seien, im Gegensatze zu der Kirche, welche von Christus gestiftet, ein Reich des Friedens darstellt. Rhetorische Übertreibung mag bei solcher Gegenüberstellung mit unterlaufen, niemals aber ist die Meinung, daß das bei seinem Zustandekommen durch Sünde befleckte Staatengebilde nun auch seinem inneren Wesen nach ein sündhaftes sein und bleiben müsse. Ist doch ihre ganze Betrachtung der Menschengeschichte von dem Gedanken geleitet, daß auch menschlicher Irrtum und menschliche Bosheit zuletzt nur dazu dienen müssen, die göttlichen Absichten zu erfüllen.

Im vorangehenden ist die Stelle aufgewiesen worden, welche dem Staate seinem Begriffe nach im Ganzen der theistisch-teleologischen Weltansicht zukommt, und seine Würde und Bedeutung aus dem Zusammenhange mit der sittlichen Ordnung hergeleitet. Aber auch die Verwahrung gegen mögliche Überschätzung ist damit begründet. Der Staat ist nicht die höchste Manifestation der sittlichen Idee, so daß es nichts Sittliches neben ihm und unter Umständen auch gegen ihn geben könnte. Neben dem Gesetze des Staates steht das Gewissen des einzelnen, das im Konfliktsfalle die höhere Autorität für sich in Anspruch nimmt. Und der Staat ist nicht die alleinige Quelle des Rechts und nicht der unumschränkte Herr über dasselbe, sondern die rechtsetzende Tätigkeit der staatlichen Autorität ist gebunden an das sittlich Zulässige und die Anforderungen der Gerechtigkeit. Nichts ist daher verkehrter als die Meinung, durch die Zurückführung des Staats auf göttliche Anordnung werde dem Absolutismus Vorschub geleistet. Wenn der Apostel einschärft, daß man der Obrigkeit untertan sein solle, weil sie von Gott stammt, so heißt es doch zugleich an einer andern Stelle, man müsse Gott mehr gehorchen als den Menschen. Mit beiden Vorschriften ist das hier Vorgetragene im Einklange. Der Staat ist da um der Aufrechterhaltung der sittlichen Ordnung willen, und darum ist die Unterwerfung unter die Anordnungen der staatlichen Autorität sittliche Pflicht. Aber diese Pflicht reicht nur so weit, als sich staatliche Autorität in den Schranken hält, welche ihr durch ein höheres Gesetz vorgezeichnet sind.

Soll nun näher auf die Aufgabe des Staats eingegangen werden, so ist früher von einer zweifachen Richtung gesprochen worden, in welcher sich zunächst und von Anfang an menschliches Gemeinschaftsleben bekundet, der Verteidigung gegen äußere Feinde und der Aufrechterhaltung der Ordnung im Innern. Mit Bezug auf die erstere hat man, nicht eben glücklich, von einem Machtzwecke des Staats gesprochen. Macht kann niemals Zweck sein, sondern immer nur Mittel zum Zweck. Machtstellung nach außen ist die unentbehrliche Voraussetzung für die Existenz und den Bestand von Großstaaten, aber alle die kleineren Gemeinwesen, die geschützt durch ihre Lage oder andere günstige Umstände, möglicherweise durch die Rivalität der Großstaaten untereinander, auf eigene kriegerische Rüstung verzichten können, scheiden deswegen aus der Reihe der Staaten nicht aus. Sie erweisen sich als solche dadurch, daß sie gleich ihren mächtigen Nachbarn innerhalb ihres Gebietes für die Durchführung der Rechtsordnung eintreten. Daß der Staat Träger des Rechts ist, bleibt sonach als das entscheidende Merkmal seiner Wesensbestimmung übrig.

Soll er nun weiter nichts sein als dies? Soll er nur Rechtsstaat sein und sich damit begnügen, wie man es ausgedrückt hat, für die Rechtssicherheit der Bürger zu sorgen? Man hat dies in einer noch nicht sehr weit zurückliegenden Vergangenheit sehr entschieden bejaht und den Rechtsstaat mit vielem Nachdruck dem Wohlfahrtsstaat entgegengesetzt. Es hing dies mit geistigen Strömungen zusammen, auf welche schon früher hingewiesen wurde. Die überlieferten Einrichtungen, die weitgehende staatliche Bevormundung erschienen als unnatürliche Schranken, welche jede freie, selbständige Entfaltung hemmten und es der Einzelpersönlichkeit unmöglich machten, sich und ihre Eigenart und ihren die Schablone überragenden Wert zur Geltung zu bringen. Niemand hat dieser Denkweise einen charakteristischeren Ausdruck gegeben als Willhelm von Humboldt in seiner am Ausgange des achtzehnten Jahrhunderts verfaßten, aber erst um die Mitte des neunzehnten der Öffentlichkeit übergebenen Jugendschrift. Hier wird verlangt, daß der Staat sich aller Sorgfalt für den positiven Wohlstand der Bürger enthalte und in der Beschränkung ihrer Freiheit keinen Schritt weiter gehe, als zu ihrer Sicherstellung gegen sich selbst und gegen äußere Feinde notwendig ist. Ein anderes Verhalten würde die natürlichen Kräfte schwächen, den Charakter erniedrigen und die Individuen in eine widerwärtige Gleichförmigkeit hineinzwingen. Weil das Individuum und die freie und mannigfaltige Entwicklung der persönlichen Kräfte als das höchste gilt, so kann als vernunftgemäß nur ein Zustand erscheinen, in welchem ein jeder die ungebundenste Freiheit genießt, sich aus sich selbst in seiner Eigentümlichkeit zu entwickeln.

Wird nun aber der Versuch wirklich gemacht, die Grenzen für die Wirksamkeit des Staates in diesem Sinne festzusetzen, so ergibt sich alsbald die Unmöglichkeit, Rechtsschutz und Wohlfahrtspflege reinlich und endgültig voneinander zu scheiden. Daß Brandstiftung vom Gesetze mit schwerer Strafe bedroht werde, wird jeder Vertreter des Rechtsstaats verlangen, weil sonst der Schutz des Eigentums unvollständig bliebe. Aber im konkreten Falle kommt die Strafe zu spät, weil der Schaden schon angerichtet und fremdes Eigentum verletzt ist. So ist im Sinne jener Theorie nichts dagegen zu erinnern, daß von Staats wegen feuergefährliche Beschäftigungen möglichst eingeschränkt und feuergefährliche Bauart der Häuser gänzlich untersagt wird. Denn jedes brennende Haus bildet eine unmittelbare Gefahr für das Eigentum der Nachbarn. Aber soll man nun dabei stehen bleiben? Soll es dem Staate verwehrt sein, Vorkehrungen zur Löschung des Feuers zu treffen, weil dies kein Rechtsschutz mehr ist, sondern eine Wohlfahrtseinrichtung? Ähnliches ergibt sich, wenn man etwa an Maßregeln gegen die Einschleppung von ansteckenden

Krankheiten denkt. Auch hier geht der Rechtsschutz, der vom Staate zu erwartende Schutz von Leben und Gesundheit der Bürger, unmerklich in ein System von Wohlfahrtseinrichtungen über.

W. von Humboldt und seine Gesinnungsgenossen wollten die Einwirkung des Staates vor allem da beschränken, wo es sich um dieale Interessen handelt. Sie dachten an die Angehörigen der bevorzugten Klassen und verlangten für diese freieste Lebensgestaltung und dazu Freiheit auf dem geistigen Gebiete, in Kunst, Wissenschaft und Religion. Aber praktisch wurde ihre Denkweise auf einem andern, auf dem wirtschaftlichen Gebiete. Denn um dieselbe Zeit begann der moderne Industrialismus mit Maschinentechnik, Arbeitsteilung und Massenproduktion, unterstützt durch die ungeahnte, immer neu sich steigernde Verbesserung der Verkehrsmittel, die Kulturstaaten zu erobern. Und so waren es nicht ideale Bestrebungen, sondern der nackte Egoismus des Erwerbslebens, vor dem die staatliche Gesetzgebung unter der Herrschaft der einseitigen Rechtsstaatstheorie sich allzu bereitwillig zurückzog. Um dem freien Spiel der Kräfte in Erzeugung und Verteilung materieller Güter, um der Bereicherung der einzelnen, vom Glücke Begünstigten möglichst breiten Raum zu lassen, wurden die Schranken niedergelegt, welche eine ältere Zeit im Gedanken an die Solidarität des Menschengeschlechts und die Ehre der Arbeit aufgerichtet hatte. Wenn staatliche Behörden mit plumper Hand in das feinste aller Gebilde, in das religiöse Leben zerstörend eingriffen, so wurde ein solches Überschreiten der staatlichen Kompetenz kaum empfunden. Dagegen erschien es als unerträglicher Eingriff in die Freiheit der Individuen, wenn etwa verlangt wurde, daß der Staat die körperliche und seelische Entwicklung der Kinder und das Heiligtum der Familie gegen die Ausbeutung durch gewissenlose Unternehmer schützen solle. – Auch dieses Extrem einer unrichtigen Theorie ist überwunden worden, und ich habe in der Einleitung kurz auf die Etappen hingewiesen, welche in Deutschland bei ihrer Überwindung durchlaufen wurden.

Aber auch das, was zuvor über Begriff und Herkunft des Staates festgestellt wurde, wendet sich gegen eine so dürftige und armselige

Bestimmung seiner Aufgabe. Wenn eine Vielheit von Menschen zu einer wirklichen Lebensgemeinschaft verbunden und sich ihrer Einheit bewußt ist, so wendet sich die Lebensbetätigung völlig naturgemäß auch den Kulturaufgaben zu, welche im Interesse der Gemeinschaft gelegen sind, zugleich in ihrer Durchführung über die Kräfte der einzelnen oder freier Vereinigungen hinausgehen und daher im Namen der Gesamtheit und durch dieselbe ausgeführt werden müssen, von dem Ausroden der Wälder, der Trockenlegung der Sümpfe, der Aufführung von Dämmen zum Schutz gegen Überflutung bis zu Maßnahmen zur Steigerung der Produktion, zur Erleichterung des Verkehrs, zur Verfeinerung und Verschönerung des Lebens. Nur folgt daraus nicht, daß der Staat das ganze Gebiet der Kultur, mit allem, was es umfaßt, ausschließlich für sich und seine Tätigkeit in Anspruch nehmen soll. Wo sich jemand selbständig die Ziele für seine Tätigkeit stecken oder die Richtung erwählen darf, die er seinem Leben geben will, wird der alles beherrschende, alles reglementierende Staat zu einem Gefängnis voll drückenden Zwangs oder ertötender Langeweile. Aber eine scharfe Grenze zwischen dem, was dem Staate und dem, was den einzelnen zu überlassen ist, läßt sich nicht aus allgemeinen Erwägungen heraus in einer für alle Zeiten und alle Verhältnisse gültigen Weise ziehen. Auch ist ja nicht gesagt, daß Kulturaufgaben, welche nicht zweckmäßig einem einzelnen oder einer freien Vereinigung übertragen werden, darum sogleich von der größten Allgemeinheit, von dem Staate in seiner heutigen Gestalt, an sich gezogen werden müssen. In der bisherigen grundsätzlichen Erörterung war kein Anlaß, zwischen Staat und Gemeinde zu unterscheiden, und die Geschichte bezeugt, daß beide nicht selten zusammengefallen sind. Auch genügt es für jetzt, den Staat, der eine Vielheit von Gemeinden, gleichfalls naturwüchsigen Gebilden, unter sich befaßt, dadurch von den letztern zu unterscheiden, daß jener die höchste, die souveräne Macht darstellt, und diese nur in Abhängigkeit von ihm gewisse Funktionen des Gemeinschaftslebens ausüben. Auf die verschiedenen Gesichtspunkte, welche in Betracht zu ziehen sind, wenn es gilt, das Verhältnis zwischen öffentlicher und privater Kulturarbeit im Sinne des allgemeinen

Wohls, aber auch des Rechts und der Freiheit auszugestalten, wird in einem anderen Zusammenhange eingegangen werden.

Dagegen mag es nützlich sein, hier noch in aller Kürze daran zu erinnern, daß der Staat, der seinem allgemeinen Wesen nach aus der sittlichen Ordnung hergeleitet wurde, seine Verwirklichung im Ablaufe der Geschichte in sehr verschiedenen Formen gefunden hat, die sich auch in der Reflexion der Zeitgenossen widerspiegeln. In den Aussprüchen der großen griechischen Denker befremdet uns die Überspannung des Staatsgedankens. Das bürgerliche Gemeinwesen ist ihnen zugleich die höchste Vollendung des Einzeldaseins, der gute Bürger fällt ihnen mit dem guten Menschen zusammen, eben darum aber wollen sie auch keine Seite menschlicher Betätigung staatlicher Einflußnahme entziehen. Ausdrücklich weisen sie dem Staate eine erzieherische Aufgabe zu. Er soll durch seine Gesetze und Einrichtungen, durch Belohnungen und Strafen und durch ausgedehnte sittenpolizeiliche Aufsicht die Staatsgenossen zu jeder körperlichen und geistigen Tüchtigkeit hinführen. Die Anerkennung eines objektiven, dem Ermessen des einzelnen entzogenen Rechts tritt deutlich hervor, wenn sie von den Herrschern verlangen, daß sie nach Herkommen und Gesetz regieren sollen, und jede Abweichung als tyrannische Willkür brandmarken. Aber der Gedanke ist ihnen fremd, daß dieses selbe Recht auch berufen ist, dem Individuum die Sphäre seiner Autonomie zu wahren. Unter politischer Freiheit versteht man in Griechenland nicht das vom Staatszwange unabhängige Selbstbestimmungsrecht des Individuums, sondern die Beteiligung der Bürger an Gesetzgebung und Staatsverwaltung. Auf die Ausgestaltung der Einrichtungen aber, in denen das öffentliche Leben seinen Ausdruck fand, waren zwei Umstände von entscheidendem Einflüsse: der geringe Umfang der griechischen Staaten und die Sklaverei. Die Stadt war der Staat und dieser darum zugleich die Heimat. Den überlieferten Einrichtungen verlieh die Beziehung zu den heimischen Göttern eine höhere Weihe. Den Bürgern aber, denen die wirtschaftliche Arbeit so gut wie gänzlich abgenommen ist, gilt die Beteiligung am politischen Leben als die vornehmste Aufgabe und zugleich als eifersüchtig gehütetes Privileg. So konnte sich eine patriotische Hingabe an das Staatsganze entwickeln, wie sie spätere Zeiten kaum gekannt haben, andererseits aber blieb bei der Kleinheit und Einfachheit der Verhältnisse der Inhalt des staatlichen Lebens beschränkt und seine Form wenig entwickelt.

Auch bei den Römern ist der Staat die höchste Form menschlicher Betätigung. Auch bei ihnen entfaltet er sich mit seinen Funktionen und Organen und seinen politischen Gegensätzen zunächst innerhalb der städtischen Gemeinde, auch hier verhindert die Sklaverei das Aufkommen eines freien arbeitenden Volks. Aber daneben begegnen zugleich bedeutsame Unterschiede. Als Zweck des Staates erscheinen ausschließlich Macht und Herrschaft. Die Religion ist weit mehr als bei den Griechen das Mittel zur Verstärkung der politischen Einrichtungen und Bestrebungen. Der Stadtstaat dehnt seine Herrschaft zunächst über Italien, dann über andere Länder aus, er wird zum Weltreich. Zu gleicher Zeit aber umgibt die Ausbildung des Privatrechts den Bürger, wenn auch ohne tiefere Erfassung der menschlichen Persönlichkeit und ohne grundsätzliche Scheidung zwischen Recht und Moral, mit einer Sphäre eigenen, dem willkürlichen Eingreifen dritter und der Gesamtheit entzogenen Rechts.

Wesentlich verschieden hiervon sind die Züge, mit denen der Staat des christlichen Mittelalters einer rückschauenden Betrachtung sich darstellt. Hier geht der Mensch nicht im Staatsbürger auf, er hat eine höhere Bestimmung und einen selbständigen Wert neben dem Staat. Dieser ist daher auch nicht länger die höchste Ordnung menschlichen Gemeinlebens. Über ihm steht die Kirche, deren Aufgabe es ist, die Menschen eben jener höheren Bestimmung entgegenzuführen. Erscheint so der Staat an die zweite Stelle gerückt, so ist andererseits doch seine Würde dadurch gesteigert, daß auch er in jenen größeren Zusammenhang hineingestellt wird und in Unterordnung unter die Kirche dem Menschen behilflich sein soll, sein ewiges Heil zu wirken. Im übrigen ist das Bild in den verschiedenen Perioden ein verschiedenes. Im fränkischen Reiche besteht noch die alte römische Behördenorganisation mit einheitlicher gesetzgeberischer und administrativer Spitze. Mit seiner Auflösung beginnt eine weitgehende Zerteilung und Zersplitterung der Staatseinheit. An die Stelle der Weltmonarchie treten die Königreiche in den einzelnen Ländern. Mit dem Aufkommen des Lehenswesens verteilt sich die Staatsgewalt an eine Vielheit mehr oder minder mächtiger Vasallen, und nur der oberste Lehensherr ist der rechtliche, aber in seiner Macht beschränkte Vertreter der Staatseinheit. Der abstrakte Begriff des Staats tritt zurück hinter der konkreten Gestalt des einzelnen Volks. Die zumeist von religiösen Motiven geleitete Reflexion erörtert nicht mehr die Zwecke des Staates, sondern die Pflichten des Fürsten. Die Funktionen des staatlichen Lebens werden durch eine Vielheit voneinander unabhängiger Organe, zu einem Teile von der Kirche ausgeübt. Erst mit dem Aufkommen der Städte entwickelt sich ein inhaltreicheres und zugleich einheitlicher zusammengefaßtes Gemeinleben. Mit dem Auftreten einer neuen Behördenorganisation und eines gelehrten Beamtenstandes bereitet sich der Übergang zum modernen Staate vor.

Daß diese Entwicklung heute endgültig abgeschlossen sei, wird niemand behaupten wollen. Vieles deutet im Gegenteile auf einen neuen Umwandlungsprozeß hin und wir wissen nicht, was die Zukunft bringen wird. Sprechen wir aber vom modernen Staat, so sind es hauptsächlich zwei Merkmale, die ihn deutlich vom mittelalterlichen scheiden, welche wir dabei im Sinne haben. Er ist ein rein weltliches Institut und jede Beziehung zu einer höheren, übernatürlichen Ordnung ist aufgegeben. In der Kirche erblickt er im besten Falle eine nebengeordnete Macht, mit der er sich in eigenem Interesse gütlich auseinandersetzt. Im übrigen kann das Verhältnis zu ihr sehr verschiedene Gestalten annehmen, von der Erniedrigung der Kirche zur bloßen Staatsanstalt bis zur völligen Trennung von Staat und Kirche. Sodann aber eignet dem modernen Staat die geschlossene Einheitlichkeit der Lebensbetätigung, Einheit der Gesetzgebung und Verwaltung, denn auch wo Selbstverwaltung der Gemeinden, Kreise, Provinzen eingeführt ist, geschieht sie im Rahmen der staatlichen Gesetzgebung und unter staatlicher Aufsicht. Dazu kommt ferner der viel reichere Inhalt dieser Betätigung, entsprechend den unendlich gesteigerten Kulturbedürfnissen und Kulturaufgaben. Als unverlierbares Gut aber ist aus dem Mittelalter die

Anerkennung einer autonomen, staatlicher Kompetenz entzogenen Sphäre des Eigenlebens herübergenommen.

Die hier berücksichtigte Dreiteilung, welche den Hauptperioden der Menschengeschichte entspricht, wird von anderen Einteilungen gekreuzt. Es gibt monarchische und republikanische, aristokratische und demokratische Staatengebilde, es gibt absolute und freiheitliche oder, wie wir zu sagen gewohnt sind, konstitutionelle Staaten. Hierauf einzugehen, wird sich später Gelegenheit geben.

Viertes Kapitel:
Der Staat und die Rechtsordnung

Das Recht ist Norm des menschlichen Gemeinschaftslebens. Es empfängt seine verpflichtende Kraft aus dem Sittengesetz und ist bestimmt, die Durchführung der in der sittlichen Ordnung eingeschlossenen Menschheitszwecke zu sichern. Sofern diese letzteren die ein für allemal gegebenen und darum gleichmäßig wiederkehrenden allgemeinen Zwecke der Menschennatur sind, vermag die Vernunft mit ausreichender Sicherheit die Zulässigkeit oder Unzulässigkeit von Handlungen zu erkennen, welche mit ihnen in unmittelbarem Zusammenhange stehen, sei es als unerläßliche Bedingung für die Verwirklichung jener Zwecke, sei es als Störungen und Hemmnisse. Aber jene allgemeinen und gleichmäßig wiederkehrenden Zwecke entfalten sich in einer bunten und wechselnden Vielheit von Einzelzwecken, und dazu können jene wie diese durch eine ebenso wechselnde Mannigfaltigkeit von Mitteln ihre Erfüllung finden. Daher reichen jene Vernunftaussprüche nicht hin, um dem durcheinander gehenden Gewirre menschlicher Handlungen die sichere Norm vorzuzeichnen, das natürliche Recht bedarf der Ergänzung und näheren Bestimmung durch das positive Recht. Positive Rechtssetzung aber verlangt eine anerkannte Autorität, welche innerhalb eines zu gemeinschaftlichem Leben verbundenen Menschheitskomplexes die geltenden Normen vorschreibt. Darum weist das Recht hin auf den Staat, wo mit dem obersten Organ des Gemeinschaftslebens diese Autorität gegeben ist. So ist der Staat gefordert um des Rechts willen, und das Recht um der Aufrechterhaltung der sittlichen Ordnung willen.

Des näheren aber ergibt sich eine dreifache Aufgabe, welche der Staat dem Rechte gegenüber zu erfüllen hat. Das Recht ist seiner Natur nach erzwingbar, d. h. die von ihm geforderte Freiheitsbeschränkung darf nicht nur, sondern sie soll gegebenen Falls mit physischen Machtmitteln durchgeführt werden. Aber das friedliche und geordnete Zusammenleben verlangt, daß nicht der einzelne durch Selbsthilfe sich Recht verschaffe, wodurch dem Ausbruche der Leidenschaft und neuen Rechtsverletzungen Raum gegeben würde, sondern der Staat mit seiner Macht überall und jederzeit für die Durchsetzung des Rechts eintrete. Die Feststellung sodann dessen, was als Recht zu gelten hat, geschieht auf doppelte Weise. Entweder wird die staatliche Autorität als Richter aufgerufen, damit sie im strittigen Einzelfalle die Entscheidung treffe, oder aber sie stellt auf dem Wege der Gesetzgebung im voraus die Regel fest für die mannigfachen Vorkommnisse des Gemeinschaftslebens. Der formulierten Gesetzgebung kann die Gewöhnung vorangehen, zu welcher sich die einzelnen autoritativen Entscheidungen verfestigt haben. Dann bildet das Gewohnheitsrecht die Norm für die Aburteilung gleichartiger Fälle.

Bei alledem aber ist das Recht nicht die freie Erfindung der staatlichen Autorität. Sie entnimmt die Legitimation und zugleich die Grenze für ihre rechtssetzende Tätigkeit der sittlichen Ordnung oder auch dem natürlichen Recht in der früher festgesetzten Bedeutung dieses Namens. Sie findet bestimmte Aufgaben vor und ist an bestimmte Richtlinien gebunden. Die Aufgaben stammen aus der Natur des Menschen und den Vorkommnissen des Gemeinschaftslebens, die Richtlinien aus den Forderungen der Gerechtigkeit und der allgemeinen Wohlfahrt, zu deren Aufrechterhaltung und Förderung der Staat seinem Begriffe nach berufen ist. Eine Übersicht über die im Staate und durch ihn bestehende Rechtsordnung kann somit in der Weise gegeben werden, daß eine gruppenweise Zusammenfassung jener Aufgaben und Vorkommnisse unter den höchsten Gesichtspunkten versucht wird, welche sich dafür aus der Natur des

Menschen und der sittlichen Ordnung herausstellen.

Danach erweist sich als das erste, von dem hier auszugehen ist, der Begriff der Persönlichkeit. Wir nennen den Menschen Person, weil er ein vernünftiges, freies Wesen ist. Nach der physischen Seite seiner Gesamtbeschaffenheit ist er an den Mechanismus des Naturlaufs gebunden, aber durch das Geistige in ihm erhebt er sich über denselben. Sein Ziel und seine Vollendung liegen zuletzt im geistigen Bereich, und dieses Ziel ist ein individuelles, ein solches, das einem jeden für sich vorgezeichnet ist. Die Verfolgung dieses Ziels führt in einen umfassenderen, die erfahrungsmäßige Welt überragenden Zusammenhang hinein, der Mensch ist zuletzt da für Gott. Aber er ist auch da für sich selbst, und eben dieses Fürsichsein im vollen Sinne des Worts, welches ihm als vernünftig-sittlichem Wesen zukommt macht die Persönlichkeit aus. Diese Wahrheit, welche das klassische Altertum nur in seinen erleuchtesten Geistern geahnt und in den Schulen der Philosophen stammelnd gelehrt hat, ist durch das Christentum in die Überzeugung der Völker übergegangen. Als Persönlichkeit steht der Mensch und steht jeder Mensch im Gemeinschaftsleben; er bringt den Anspruch mit, daß das Recht ihn darin schütze. Es ist der erste, ursprüngliche der natürlichen Rechtsansprüche, das eigentliche Urrecht des Menschen, nicht etwas, was staatliche Gesetzgebung zu verleihen hätte und daher auch ganz oder teilweise verweigern könnte. Der altrömische Standpunkt, daß nur der römische Bürger die volle Rechtsfähigkeit besitze, der befreundete Fremde eine beschränkte, der Feind dagegen rechtlos sei, mußte der allgemeinen rechtlichen Anerkennung der Menschenwürde weichen. Es ist ein unverlierbares und unveräußerliches Gut, dessen sich die Menschen auch nicht freiwillig begeben können. Ein Vertrag, durch welchen jemand seine Persönlichkeit aufgäbe, indem er sich zum bloßen Mittel für die Zwecke eines anderen herabwürdigte, wäre im Widerspruch mit der sittlichen Natur und Aufgabe des Menschen und daher selbst unsittlich und rechtlich nichtig. Der gewollte Verzicht auf das eigene Recht könnte niemals zu einer Rechtsübertragung auf andere führen. Sklaverei, die den Menschen nicht als Person, sondern als Sache behandelt, bedeutet daher den schlimmsten Verstoß gegen die sittliche Ordnung, die grundsätzliche Leugnung des ursprünglichsten aller Rechte. Wenn wir trotzdem darüber belehrt werden, daß die Sklaverei, solange sie bestand, Recht gewesen sei, so ist das müßiger Wortstreit. Sie war Bestandteil der in den Staaten des klassischen Altertums geltenden Rechtsordnung, aber sie hätte niemals dazu werden sollen. Sie hatte den Schein des Rechts für sich, weil Gewohnheit und Gesetzgebung sie sanktionierten, aber niemals konnte ein geläutertes sittliches Bewußtsein Freiheitsbeschränkungen eine verpflichtende Kraft zuerkennen, welche der Würde des Menschen zuwiderliefen.

Statt von dem Ansprüche des Menschen, in seiner Persönlichkeit vom Rechte geschützt zu werden, kann der Kürze halber von dem Rechte der menschlichen Persönlichkeit gesprochen und alsdann weiterhin gesagt werden, daß dieses letztere in eine Mehrheit von Persönlichkeitsrechten auseinandergeht, je nach den verschiedenen Momenten, welche sich im Ganzen der menschlichen Persönlichkeit unterscheiden lassen. Unter diesen stellt sich sogleich als ein erstes das Recht der physischen Existenz heraus. Nur in Verbindung mit dem Leibe tritt die menschliche Persönlichkeit in die Erscheinung, nur auf der Grundlage des physischen Lebens kann sie sich betätigen und entfalten. Es ist die erste Forderung, welche wir an die staatliche Gemeinschaft stellen, daß sie Leib und Leben der Bürger schütze. Und nicht nur das. Das Recht der physischen Existenz ist stärker als das staatliche Verbot der Selbsthilfe, und seine Erzwingbarkeit ist nicht an die Bereitstellung staatlicher Machtmittel gebunden. Wo diese nicht vorhanden sind, ist Selbstverteidigung erlaubt, nicht als ein vom Staate für diesen Ausnahmefall verliehenes, sondern als ein aller staatlichen Gesetzgebung vorausgehendes Recht. Soll es auch im normalen Verlaufe des Lebens nicht angewandt werden, so tritt es doch alsbald in Kraft, wenn der Schutz des Staates versagt. Ich darf Gewalt anwenden, um einen gegenwärtigen rechtswidrigen Angriff von mir oder andern abzuwenden, und wenn ich, in der Notwehr begriffen, den Angreifer an Leib und Leben schädige, so begehe ich keine strafbare Handlung, denn ich schütze nur mein Recht.

Mein Recht? Es ist nicht überflüssig, darauf hinzuweisen, daß es ein Recht der physischen Existenz in dem soeben festgestellten Sinne nur auf dem hier eingenommenen Standpunkte gibt und geben kann, und ihm außerhalb desselben jede Möglichkeit der Begründung fehlt. Für die mechanisch-materialistische Weltbetrachtung gibt es nur Tatsachen, die der Naturlauf in blinde Gesetzmäßigkeit hervortreibt, unter ihnen der Mensch als das letzte Glied in der Kette der Lebewesen. Aber aus bloßen Tatsachen läßt sich kein Recht herleiten. Der Mensch ist für eine solche Betrachtung da, weil die Bedingungen gegeben sind, die sein Entstehen notwendig machen und ihn im Leben erhalten; er wird dableiben, solange nicht andere Bedingungen ebenso gebieterisch seinen Tod herbeiführen, sei es mit, sei es ohne Dazwischentritt menschlicher Handlungen. Man kann es vielleicht aus den Voraussetzungen jener Betrachtungsweise verständlich und durch die Erfahrung mehr oder minder bestätigt finden, daß regelmäßig der Stärkere den Schwächeren verdrängt, man kann unmöglich aus ihnen die Forderung begründen wollen, daß umgekehrt der Schwächere vor der Vergewaltigung durch den Stärkeren geschützt werden müsse. Wie kann ein Recht zum Dasein geltend machen wollen, wer nicht die Macht hat, sich darin zu behaupten? Ein Recht der Existenz gibt es nur, wenn jeder, ob stark oder schwach, seine eigene Bestimmung und den ihm vorgezeichneten Zweck hat, wenn ihm durch den göttlichen Schöpfungsratschluß eine Stelle in der Welt angewiesen ist, die er auszufüllen hat, so daß jeder, der ihn daran verhindert, sich gegen die göttliche Weltordnung versündigt. Nur dann besitzt er von dem ersten Augenblicke seiner tatsächlichen Existenz an auch das Recht derselben und den zweifellosen Anspruch, darin geachtet und geschützt zu werden.

Und was vom Rechte der Persönlichkeit im allgemeinen gesagt wurde, gilt auch hier: das Recht der physischen Existenz ist unveräußerlich. Wer durch Selbstmord aus dem Leben scheidet, das nicht er sich gegeben hat, verfehlt sich aufs schwerste gegen die sittliche Ordnung. Wer ihn auf sein bestimmtes Geheiß hin tötet, verfällt dem Strafgesetze des Staates. Nur eine besondere Seite des Rechts der

Existenz ist sodann der Anspruch auf Schutz der Integrität und Gesundheit des Leibes. Daß der Staat, wie Totschlag und Mord, so auch Körperverletzung mit schwerer Strafe bedrohen müsse, erscheint selbstverständlich.

Aber nicht nur gegen feindselige Körperverletzung soll uns das Gesetz des Staates schützen, es soll uns auch vor ungewollten, aber mit Sicherheit vorauszusehenden Gesundheitsstörungen behüten, es soll dies insbesondere dann, wenn der einzelne durch die Macht der Verhältnisse gehindert ist, sich selbst gegen schädliche Einflüsse zu schützen. Hier ist der Punkt, wo die moderne Arbeiterschutzgesetzgebung mit dem natürlichen Recht zusammenhängt. Sie stellt ein System von Prohibitivmaßregeln dar, um dem Arbeiter, zunächst dem Industriearbeiter, das Recht der Existenz allseitig und ausreichend sicherzustellen.

Bis jetzt war nur von Schutz und Abwehr die Rede, aber das Recht der Existenz schließt auch positive Forderungen ein. Nach seiner leiblichen Seite unterliegt der Mensch den Gesetzen des organischen Lebens. Er verbraucht Stoffe und muß zum Ersatz der verbrauchten wiederum Stoffe von außen aufnehmen. Seine Existenz ist an die Ernährung gebunden, und das Recht derselben schließt daher den Anspruch ein auf das, was hierzu und überhaupt zur Fristung des Lebens unentbehrlich ist. Aber gegen wen richtet sich der Anspruch, wem legt das Recht die Pflicht auf, denselben zu erfüllen? Die Antwort ergibt sich aus den von der Natur selbst getroffenen Einrichtungen. In der Familie gewinnt der Mensch sein Dasein. Aus eigener Kraft kann sich das menschliche Kind nicht in demselben erhalten. Aber das Recht der Existenz ist mit ihm geboren, der darin begründete Anspruch auf das zur Erhaltung des Lebens Erforderliche richtet sich darum an die Familie. Die Eltern sind die zunächst verpflichteten. Ist die pflichtmäßige Leistung der Eltern durch irgendwelche Gründe ausgeschlossen, so müssen andere Familienglieder an die Stelle treten. Des weiteren mag man den Anspruch gegen die Sippe, den Stamm, die Gemeinde gerichtet denken, zuletzt ist es die größte Gemeinschaft, die dafür aufzukommen hat. Auch die öffentliche Armenpflege wurzelt somit im natürlichen

Recht. Es ist Pflicht des Staates, dafür einzutreten, daß keinem mangle, was ihm zur Fristung des Lebens unentbehrlich ist, – immer aber unter der Voraussetzung, daß er es sich nicht selbst beschaffen kann.

Der herangewachsene und im vollen Besitze seiner körperlichen und geistigen Kräfte befindliche Mensch hat die Pflicht, selbst für sich zu sorgen. Die Natur treibt ihn dazu an, der Hungrige pflückt die wildwachsenden Früchte, er eignet sich an, was von den Gütern der Erde zu seiner Ernährung notwendig ist, und bringt es in denjenigen Zustand, in welchem es der Ernährung dient. Wie aber, wenn er in der Betätigung dieses Rechts mit einem fremden Rechte zusammenstößt, sofern andere vor ihm sich die gleichen Güter angeeignet haben? In die Erörterung des Eigentumsrechts soll hier noch nicht eingetreten werden, die Frage ist einstweilen nur, was aus dem Anspruche des Hungrigen wird, wenn alles Eigentum an Verbrauchsgegenständen verteilt und er leer ausgegangen ist? Die katholischen Moralisten haben stets die Ansicht vertreten, daß durch die Entwicklung des Privateigentums das Recht der Existenz mit dem, was es als seine unmittelbare Folge einschließt, nicht aufgehoben werde, und somit keinen Diebstahl begehe, wer ein Brot wegnimmt, um sich oder die Seinen vor dem Hungertode zu retten. Aber auch die moderne Gesetzgebung verneint die Strafbarkeit einer Handlung, welche in einem wirklichen Notstande und zur Abwendung einer gegenwärtigen Gefahr begangen wird. Anderseits kann freilich nicht für den ersten besten Eigentümer die rechtliche Pflicht konstruiert werden, den Anspruch des Hungrigen zu befriedigen. Hier gilt das zuvor Gesagte, daß da, wo bestimmte Personen nicht vorhanden sind, denen auf Grund ihrer besonderen Stellung zu den Bedürftigen eine solche Verpflichtung obliegt, die Gesamtheit, der Staat, dafür aufkommen muß. Christliche Nächstenliebe fragt dagegen nicht: bin ich der nächste dazu, sondern handelt wie der barmherzige Samariter.

Des weiteren aber ergibt sich aus dem Rechte der Existenz und der Notwendigkeit zu beschaffen, was dieselbe erheischt, mit der sittlichen Pflicht zu arbeiten zugleich das Recht, sich die Kräfte und

Fähigkeiten anzueignen, welche für einen geordneten Lebensunterhalt dienlich sind, und dieselben nach eigenem Ermessen, wenn auch unter Wahrung der Rechte anderer, zu betätigen und anzuwenden. Dieses Recht der Arbeit, wie man es nennen kann, ist somit ein bloß negatives, es schließt lediglich den Anspruch ein, in der Arbeit als einer Äußerung der Persönlichkeit nicht gestört und verhindert zu werden. Das ist nun freilich nicht das Recht auf Arbeit, wie es in früheren Jahrhunderten auf Grund und nach Maßgabe bestimmter Einrichtungen bestand, und auch nicht das, welches seit der Mitte des vorigen Jahrhunderts der revolutionäre Sozialismus fordert. Bei der Unklarheit, die hierüber besteht, ist es nützlich, sich einerseits die Arbeitsverhältnisse zu vergegenwärtigen, welche in jenen früheren Zeiten bestanden, und andererseits den Inhalt der sozialistischen Forderungen deutlich herauszustellen. Hat doch einmal im deutschen Reichstag Fürst Bismarck ein Recht auf Arbeit anerkennen und dem Staate ganz allgemein die Verpflichtung zuweisen wollen, dem Arbeitsuchenden Arbeit zu geben.

Die Arbeit wurde soeben als Äußerung der Persönlichkeit bezeichnet und damit unter das Recht der Persönlichkeit gestellt. Aber die Kräfte und Fähigkeiten, welche der einzelne dazu mitbringt, reichen in der Regel nicht aus, das vorgesteckte Ziel zu erreichen. Nicht von der Arbeit selbst lebt der Mensch, sondern von dem, was sich als Ergebnis der Arbeit herausstellt. Er bedarf des Bodens, um durch seine Arbeit Früchte entstehen zu lassen, er bedarf der Rohstoffe, um sie durch Arbeit in Gegenstände des Gebrauchs zu verwandeln. Und nicht immer sind die Erzeugnisse seiner Arbeit zugleich die ausreichenden Mittel zu seiner Bedürfnisbefriedigung, dann vertauscht er sie gegen andere, welche dazu geeignet sind, falls sich andere Menschen finden, die zu einem solchen Umtausche bereit sind. Oder aber er verdient sich seinen Unterhalt, indem er die geleistete Arbeit einem andern gegen Lohn verkauft. So ist also eine erfolgreiche Betätigung von Arbeitskraft und Arbeitslust an eine ganze Reihe von Bedingungen geknüpft, und wer ein Recht auf Arbeit proklamiert, fordert damit zugleich das Vorhandensein dieser Bedingungen, welche es dem einzelnen ermöglichen, nicht nur zu arbeiten, sondern auch von seiner Arbeit zu leben.

Jene Einrichtungen und Veranstaltungen aber sind abhängig von der Beschaffenheit der Arbeit, die sie ermöglichen und gewährleisten sollen. In einem Ackerbaustaate werden sie darin bestehen und haben sie wiederholt darin bestanden, daß den Bürgern Ackerlose zur Bewirtschaftung überlassen sind. Daß diese Lose sämtlich einander gleich sein müßten, folgt an sich noch nicht. Ein Recht auf Arbeit besteht auch da, wo neben den großen Grundbesitzern Landarbeiter sich finden, die zur Arbeitsleistung im Dienste der ersteren verpflichtet sind, daneben aber eine Parzelle für ihre eigene Wirtschaft erhalten. Sehr anders aber gestalten sich die Dinge, wo es sich um gewerbliche Arbeit handelt. Hier bietet die Zunftverfassung der mittelalterlichen Städte das viel bewunderte und oft zurückgewünschte Beispiel. Die selbständige Ausübung eines Gewerbes war an bestimmte Voraussetzungen gebunden, insbesondere an die Zurücklegung eines bestimmten Lehrganges, wer aber als Meister in die Zunft aufgenommen war, hatte mit den Zunftgenossen das ausschließliche Recht, die gefertigten Waren innerhalb eines bestimmten Bezirks auf den Markt zu liefern. So konnte man freilich die Arbeit als ein von Gott und der Obrigkeit verliehenes Amt preisen. Das Recht auf Arbeit bestand in Gestalt eines Privilegs, welches einer Anzahl von Personen zuerkannt war. Auch der wandernde Handwerksgeselle konnte es für sich anrufen. Er meldete sich auf der Zunftstube und hatte Anspruch auf die zu seinem Gewerbezweige gehörende Arbeit, soweit Bedürfnis nach Arbeitskräften vorhanden war. Konnte er keine Arbeit erhalten, so gab man ihm einen Zehrpfennig und ließ ihn weiter wandern. Wer aber der Zunft nicht angehörte, hatte kein Recht auf Arbeit. Er war von der Betätigung seiner Arbeitskraft auf den von den Zünften okkupierten Gebieten ausgeschlossen.

Die Vorteile oder Nachteile einer solchen Einrichtung sind hier nicht zu erörtern. Daß die Blüte mittelalterlichen Gewerbefleißes von der zünftigen Organisation des Handwerks getragen war, soll unbestritten bleiben. Daß sie nicht unter den völlig veränderten Verhältnissen der Neuzeit kurzerhand zum Leben erweckt werden kann, bedarf keines Beweises. Aber nicht hierauf kommt es an, sondern nur das sollte der Rückblick auf ältere Einrichtungen deutlich machen, daß das Recht auf Arbeit, wo es bestand, niemals den Sinn eines ursprünglichen und von der Persönlichkeit des Menschen unabtrennbaren Rechtes hatte. Mit den Bedingungen zu seiner Verwirklichung war es in den Fluß der geschichtlichen Entwicklung hineingestellt und von dem Wandel des Wirtschaftslebens abhängig. So kam es, daß die Männer der französischen Revolution gerade umgekehrt im Namen des natürlichen Rechts alle überkommenen Schranken und Privilegien bekämpften und beseitigten, welche es nicht einem jeden verstatteten, seine Arbeitskraft nach seinem Ermessen und seinen Fähigkeiten zu betätigen und zu verwerten. Wie wenig mit der Beseitigung der alten Organisationen den kapitallosen Lohnarbeitern gedient war, sollten die letztern bald genug zu ihrem Schaden inne werden. Als daher ein halbes Jahrhundert später wieder von dem Rechte auf Arbeit gesprochen wurde, hatte es inzwischen einen neuen Sinn gewonnen. Mit dem Ansprüche aller, ihre Arbeitskraft nutzbringend zu gebrauchen, verbindet es die Forderung einer neuen Organisation der Gesellschaft, welche dies allen in gleicher Weise ermöglicht.

Wenn in einer Periode wirtschaftlicher Depression die Zahl der Arbeitslosen anwächst, wird sich jede ernsthafte und ihrer Verantwortung bewußte Regierung die Frage vorlegen, ob und wie sie die feiernden Hände beschäftigen könne. Das ist alsdann eine Frage der Politik, nicht eine Frage des Rechts. Eine solche Regierung wird sich sagen, daß es zweckmäßiger ist, die in weitem Umfange nötig gewordene Armenunterstützung nicht auf dem Wege der Almosenverteilung, sondern auf dem der Beschaffung von Arbeitsverdienst ins Werk zu setzen. Vielleicht muß sie sich auch sagen, daß die große Zahl von beschäftigungslosen Arbeitern eine Gefahr für die Ruhe und Ordnung des Gemeinwesens in sich schließt. Aber Arbeit ins Blaue hinein, ohne wirtschaftlichen Wert, ohne Zusammenhang mit dem Gemeinwohl wäre niemals eine verständige und zweckentsprechende Maßregel, die sich rechtfertigen ließe. Man wird also Arbeiten unternehmen, die man bisher als minder wichtig, oder weil sie das Staatsbudget zu sehr zu belasten drohten, zurückgestellt hatte, jetzt aber hervorzieht, um der Not der Arbeitslosen zu steuern. Man wird sich dabei der Erwartung hingeben, daß bis zum Abschlusse solcher außerordentlichen staatlichen Arbeiten die wirtschaftliche Depression gewichen sein, und sich auf dem Arbeitsmarkte wieder eine ausreichende Nachfrage nach Arbeitskräften eingestellt haben werde. Den revolutionären Bestrebungen ist damit nicht gedient. Sie wollen keine außerordentlichen Veranstaltungen, durch welche der Staat unter Aufrechterhaltung der bestehenden Gesellschaftsordnung einem vorübergehenden Notstande zu steuern sucht, sondern dauernde Einrichtungen, welche jedem zeitlebens einen auskömmlichen Erwerb sichern. Das aber bedeutet, wenn es allseitig durchgedacht wird, Verstaatlichung der wirtschaftlichen Arbeit, Verstaatlichung der Arbeitsmittel, autoritative Leitung der gesamten Gütererzeugung und Güterverteilung. Nicht um die Durchsetzung eines in der menschlichen Persönlichkeit begründeten allgemeinen Rechts also handelt es sich, sondern um die Verwirklichung einer neuen Form des Gemeinschaftslebens, um den kommunistischen Arbeitsstaat.

Das Recht der physischen Existenz und was damit zusammenhängt, berücksichtigt die leibliche Seite des Menschen. Aber der Mensch ist weiterhin und ist vor allem ein geistig-sittliches Wesen. Das auszeichnende Merkmal dieser seiner Natur ist die Freiheit. Er allein von allen uns bekannten Weltwesen weiß um den ihm vorgezeichneten Zweck und erfüllt ihn durch selbsttätige Unterordnung unter das Sittengesetz. Aber er ist der Herr seiner Handlungen, und deshalb kann er auch dem eigenen Ziele den Rücken kehren, er kann das Sittengesetz übertreten. Die Rechtsordnung schränkt den Freiheitsgebrauch des einzelnen ein, aber nicht darum, weil Machtfaktoren mit der Tendenz, sich auszudehnen, die im selben Raume nebeneinander stehen, einander notwendig beschränken müssen, sondern darum, weil bei unbeschränktem Freiheitsgebrauche aller die Aufrechterhaltung der sittlichen Ordnung und die Realisierung der in sie eingeschlossenen Menschheitszwecke unmöglich würde. Und das Maß der gegenseitigen Beschränkung ist nicht abhängig von dem Maße der aufgewandten Kraft, sondern von der Realisierung dieser Zwecke, der individuellen und der gemeinschaftlichen. Von da stammt für einen jeden die unantastbare Sphäre seiner Freiheit. Niemals darf die Einschränkung soweit gehen, daß ihm unmöglich würde zu tun, was ihm sein Gewissen als sittliche Pflicht vorschreibt. Aber selbst darüber hinaus und wo er das Sittengesetz verletzt, – solange es sich um seine individuellen Zwecke handelt, und kein Interesse anderer, das seine Berechtigung aus der sittlichen Ordnung herleiten kann, im Spiele ist, hat menschliche Autorität nicht die Befugnis, ihn zur Erfüllung seiner Pflicht anzuhalten oder ihm Regeln für die Ordnung seines Lebens vorzuzeichnen.

Grundsätzlich kann hierüber kein Zweifel sein. Für die modernen Völker ist seit dem Eintritte des Christentums in die Welt mit dem Werte der Persönlichkeit der Wert der Freiheit in helles Licht gestellt. Wir wollen uns unser eigenstes Leben selbst bauen; wir wollen in dem, was uns allein angeht, nur Gott und unserem Gewissen verantwortlich sein; wir verlangen einen Raum, in dem wir uns nach eigenem Ermessen bewegen können, wo der Staat mit seinem Gesetze und seiner Zwangsgewalt nicht hineinreicht. Die Grenze aber, bis zu welcher wir diesen Raum ausdehnen können, und wo wir vor den Ansprüchen des Gemeinschaftslebens zurückweichen müssen, ist keine unabänderlich für alle Zeiten und Verhältnisse gegebene. Dem Bestreben, denselben möglichst zu erweitern, ist ebensooft und bis in die Neuzeit hinein das andere entgegengetreten, ihn im Interesse der Gesamtheit einzuengen. Das wird verständlich, faßt man die verschiedenen Richtungen ins Auge, welche die autonome Sphäre des Individuums ihrer Natur nach einschließt. In ihnen geht wiederum das Recht der Freiheit in eine Mehrheit von Freiheitsrechten auseinander.

Das erste und vornehmste unter ihnen ist das Recht der religiösen Freiheit in der doppelten Bedeutung, wonach darunter einmal die Unabhängigkeit der religiösen Überzeugung von jedem Zwange und sodann der Anspruch verstanden wird, in der Betätigung des religiösen Lebens nicht gehindert zu werden. Solange es sich nur um religiöse Gedanken und Empfindungen handelt, ist die Freiheit in beiden Bedeutungen ebenso absolut, wie sie selbstverständlich ist. Was im Innern des Menschen vorgeht, gehört nur ihm allein an und bleibt fremden Eingriffen unerreichbar. Gestritten aber hat man alle Zeit über die Bekundung jener Gedanken und Empfindungen nach außen. Auch hier aber ist sogleich und mit allem Nachdrucke daran festzuhalten, daß niemand zu einer religiösen Handlung oder Verrichtung gezwungen werden darf. Von Kindern, die der Erziehung und Zucht unterliegen, ist hier selbstverständlich nicht die Rede. Je höher die Religion gegriffen, je bestimmter sie als das Verhältnis der einzelnen Seele zu Gott, gegründet auf die Mitteilung Gottes an die Menschheit aufgefaßt wird, desto unfaßbarer wird der Gedanke, Zwang in Anwendung bringen zu wollen. Jeder Versuch dieser Art, und wenn es ihm selbst gelingt, den äußeren Schein religiösen Handelns hervorzubringen, verstößt gegen die Heiligkeit dieses Verhältnisses. Weit schwieriger aber ist die Entscheidung, wenn die andere Frage zur Beantwortung steht, ob auch umgekehrt einem jeden das Recht gewahrt werden müsse, alle diejenigen Handlungen vorzunehmen, welche seinen religiösen Gedanken und Empfindungen entsprechen oder von diesen als ihr pflichtmäßiger Ausdruck verlangt werden, und ob er berechtigt sei, die eigene Überzeugung in Wort und Schrift zu verbreiten. Hier tritt ein Element hervor, welches bisher noch nicht besprochen wurde, für das Gemeinschaftsleben aber auch sonst von großer Bedeutung ist.

Wenn wir mit unseren Mitmenschen in Frieden leben wollen, wie es das Gesetz der sittlichen Ordnung erheischt, so müssen wir nicht nur jeden Angriff auf ihr leibliches Leben und ihr Eigentum unterlassen, sondern auch ihre Gefühle schonen. Das ist ein Gebot der Nächstenliebe, es kann aber auch zu einer Forderung des Rechts werden. Der Staat bestraft Beleidigungen und Ehrenkränkungen, und er tut es, weil der gute Name und die stillschweigend anerkannte oder vorausgesetzte Ehrenhaftigkeit ein notwendiges Erfordernis für einen ersprießlichen Verkehr der Menschen untereinander bildet. Aber er bestraft auch weiter gegebenes Ärgernis, und hier schützt er Gefühle, von denen angenommen wird, daß sie bei den Bürgern vorhanden sind und von ihnen hochgehalten werden, oder deren Vorhandensein im Interesse des Gemeinwesens als wertvoll und wichtig gilt. Denn eben darin besteht das Ärgernis bei einer Handlung, daß durch sie derartige Gefühle verletzt werden. Umfang und Wertschätzung der zu schützenden wechselt nach Völkern und Zeiten. Der athenische Dichter Phrynichos mußte eine Strafe von tausend Drachmen entrichten, weil bei der Aufführung seiner Tragödie „Die Einnahme von Milet" die Zuschauer in Tränen zerflossen waren. Immer aber, wenn eine bestimmte religiöse Überzeugung in einem Volte lebendig ist, werden Äußerungen und Handlungen, welche damit in Widerspruch stehen, als eine Verletzung berechtigter Gefühle empfunden werden, und dies um so leichter und um so mehr, je bestimmter und inhaltreicher das gemeinsame Bekenntnis und je stärker das daran sich anschließende Empfinden ist. Wo Glaubenseinheit herrscht und eine seit unvordenklichen Zeiten geübte Religion zur Volkssitte geworden ist, erscheint jede wirkliche oder vermeintliche Herabsetzung auch nur eines einzelnen Bestandteiles, jeder Verstoß gegen irgendeine Übung als Kränkung und Beleidigung des Volksgewissens und Volksempfindens, ja geradezu als ein Angriff auf die letzten und tiefsten Grundlagen des Gemeinschaftslebens. Denn alle sittlichen Pflichten und alle rechtlichen Einrichtungen sind hier nicht nur nachträglich durch die Religion mit einer höheren Weihe umgeben, sie stehen mit derselben vielmehr in einem innerlichen und notwendigen Zusammenhange. Alles gerät ins Wanken, wenn die Religion nicht mehr als die unerschütterliche und unantastbare Grundlage gilt. Daraus ergibt sich dann aber die Möglichkeit, daß im Gegensatze zu dem, was oben über das Wesen der Religion gesagt wurde, gerade ihre hohe Wertschätzung zu Maßregeln führt, welche insbesondere denen, die eine solche Wertschätzung nicht teilen, als Gewissensbedrückung erscheint. Man muß sich dies gegenwärtig halten, um die unerbittliche Strenge zu begreifen, mit der in früheren Jahrhunderten der christlichen Zeitrechnung die Ketzer verfolgt wurden. Die katholische Religion in ihrem vollen Inhalte, mit dem ganzen Inbegriffe der kirchlichen Lehre und des kirchlichen Brauchs stand nicht etwa neben dem Staate, sondern war aufs engste mit dem Staate verbunden. Ein von der religiös-kirchlichen Grundlage losgelöstes staatliches Gemeinwesen gab es nicht und die Möglichkeit eines solchen lag den

Gedanken der Zeitgenossen vollkommen fern. Darum und nicht etwa nur, weil die Kirche sie dazu stempelte, galt Häresie als Verbrechen und der Häretiker als ein Feind des Gemeinwesens, dem man mit der ganzen Grausamkeit der damaligen Strafgesetzgebung entgegentrat. Wo dagegen Glaubenseinheit nicht oder nicht mehr besteht, mag das religiöse Gefühl innerhalb der einzelnen Konfessionen unvermindert sein, das Recht aber als die allgemeine Norm des Gemeinschaftslebens kann nur schützen, was alle angeht. Es wird vielleicht, wie das deutsche Strafgesetzbuch, Ärgernis durch öffentliche Gotteslästerung und Beschimpfung von Einrichtungen und Gebräuchen einer bestehenden Religionsgesellschaft mit Strafe bedrohen, im übrigen aber auf dem religiösen Gebiete jeden reden und tun lassen, was ihm gut und richtig erscheint.

Ich glaube in der Tat nicht, daß unter den heutigen Verhältnissen in der Freiheitsbeschränkung weiter gegangen werden kann. Nicht so sehr deshalb, weil mit dem Glauben an das Übernatürliche auch die Wertschätzung der Religion weiten Kreisen abhanden gekommen ist, sondern weil die Freiheit die einzige Waffe ist, durch welche die moderne Welt wiederum für die Religion gewonnen werden kann. Geistiges läßt sich mit materiellen Mitteln nicht erzwingen und nicht festhalten. Sicherlich gibt es kein Recht des Irrtums, aber die Gläubigen müssen es ertragen, daß die von ihnen verehrte eine Wahrheit von Andersgläubigen und Ungläubigen verkannt und verachtet wird. Sie müssen sich nur selbst um so eifriger und hingebender in ihren Dienst stellen. Die Rechtsnorm für das Nebeneinanderbestehen der religiös getrennten Bürger im Staate kann nur aus dem Gedanken der Freiheit heraus entworfen sein.

Die persönliche Freiheit ist im vorstehenden sogleich nach der Seite ihrer höchsten, idealen Betätigung zur Erörterung gebracht worden. Für gewöhnlich aber denkt man bei dem Worte an etwas anderes und näher Liegendes, an die persönliche Sicherheit, die Unantastbarkeit der Person und den Schutz gegen brutale Freiheitsberaubung. Daß es zu den ersten Aufgaben der vom Staate getragenen Rechtsordnung gehört, diesen Schutz zu gewähren, kann als die einstimmige Überzeugung der heutigen gebildeten Menschheit gelten. Kaum ein Mißbrauch im alten Frankreich, vor der Revolution, erscheint uns heute häßlicher als die berüchtigten lettres de cachet, Verhaftsbefehle auf Vorrat, in welche nur der Name einer aus irgend einem Grunde mißliebigen Person eingeschrieben zu werden brauchte, um sie ohne Untersuchung und richterliches Urteil der Freiheit zu berauben. Freiheitsentziehung, Entführung, Menschenraub werden vom Gesetze mit schweren Strafen bedroht, und nicht minder sind heute im Gesetz die Gründe festgelegt, aus denen allein im Namen und im Interesse des Rechts Verhaftung zulässig ist. Als Regel gilt, daß sie nur auf richterlichen Befehl erfolgen soll. Ausnahmen bilden die Ergreifung auf frischer Tat oder auf der Flucht oder die Verhaftung eines Fluchtverdächtigen. Der so Festgenommene aber muß alsbald dem Richter vorgeführt, er darf nicht über Gebühr in Haft behalten, er muß, falls der Verdacht sich nicht bestätigt, freigelassen werden.

Im engsten Anschlusse daran steht der Schutz des Hausfriedens, das Hausrecht. Die Wohnung als der Schauplatz individueller Betätigung fällt recht eigentlich in jene autonome Sphäre, in welcher der Mensch nur sein Gewissen zur Richtschnur seines Handelns macht. Sie muß in der Regel als unverletzlich gelten. Jedes gewaltsame oder auch nur unbefugte Eindringen ist ein Angriff auf die Persönlichkeit und je nach den Umständen mit Strafe zu belegen. Haussuchungen im Dienste der Strafrechtspflege sind nur in den gesetzlich bestimmten Fällen und Formen zulässig.

Vom Rechte der Arbeit als einem Ausflusse der Persönlichkeit war schon die Rede. Nahe verwandt damit ist die Berufsfreiheit. Man denkt dabei an die besondere Richtung, in welcher der einzelne seine körperlichen und geistigen Kräfte verwendet, an die nähere Ausgestaltung seiner auf ernste Ziele gerichteten Lebensführung. Wenn auch das Gesetz die Umstände nicht zu ändern vermag, in welche er sich hineingestellt findet, und die nur zu oft von früher Jugend an seine Entwicklung einseitig bestimmen, so darf es ihn doch nicht einseitig und engherzig darin festhalten wollen. Der freien Entfaltung der individuellen Eigenart soll nicht schnöder Kastengeist Schranken ziehen; sie darf nicht das Privileg weniger Begünstigten sein.

Nicht minder muß das Vereinigungsrecht als ein in der Natur des Menschen selbst begründetes angesehen werden. Für das Leben in der Gemeinschaft bestimmt, sollen die einzelnen einander ergänzen und sich in die gemeinsame Arbeit des Menschenlebens teilen. Daraus erwächst ihnen der Anspruch, sich mit den Genossen ihrer Wahl zu sittlich zulässigen wirtschaftlichen oder idealen Zwecken zu verbinden. In der Verbindung wächst die Kraft eines jeden, steigert sich gleichsam die Persönlichkeit. Aber eben weil die Assoziation Macht verleiht, Macht zum Guten und zum Schlimmen, steht dem Anspruche der einzelnen, sich miteinander zu verbinden, das Interesse der Gesamtheit gegenüber. Vereinigungen, die in irgendeiner Richtung innerhalb des Staates wirksam auftreten wollen, müssen sich die Aufsicht des Staates gefallen lassen. Daraus ergibt sich sogleich die Unzulässigkeit geheimer Gesellschaften, ganz abgesehen davon, daß wer sein Wirken mit dem Mantel des Geheimnisses bedeckt, den Verdacht wachrufen muß, daß er das Licht zu scheuen habe. Wo dagegen die Bestrebungen eines Vereins deutlich und offensichtlich innerhalb des vom Gemeinwohl gespannten Rahmens liegen, ist es eine Überschreitung der staatlichen Kompetenz, wenn ihm die Bewegungsfreiheit versagt wird.

Was in der Persönlichkeit des Menschen begründet liegt, gilt selbstverständlich von allen Menschen und für alle Menschen. Als Menschen sind sie alle gleich, gleich durch ihre Stellung im Universum und durch ihre geistig-leibliche Organisation. Sie sind alle den nämlichen physischen und moralischen Gesetzen unterworfen, alle gleichmäßig zur Unsterblichkeit berufen. Wiederum war es das Christentum, welches dieser Wahrheit zum Siege verhalf und den Wahn zerstörte, als ob es von Natur Herren und Sklaven gäbe, ein Wahn, von dem selbst der größte Philosoph des Altertums, Aristoteles, nicht frei war. Grundsätzlich wird sie innerhalb der heutigen Kulturwelt nicht bestritten, wenn auch entartete Vertreter der letzteren sie in ihrem Verhalten zurückgebliebenen Menschenrassen gegenüber nur zu oft in empörender Weise verleugnen. Für die Rechtsordnung im Staate aber entspringt daraus die Forderung, diese Gleichheit der Menschen anzuerkennen und sicherzustellen.

Das verstehen wir unter dem Satze, daß alle Bürger vor dem Gesetze gleich sind. Sie genießen alle den gleichen Rechtsschutz, und Rechtsübertretungen werden bei allen in der gleichen Weise geahndet ohne Ansehen der Person. Das gesteigerte Rechtsbewußtsein der Heutzeit erträgt es nicht, daß ein vornehmer Verbrecher straflos bleibe oder einem Armen und Elenden der Schutz des Gesetzes versagt werde.

Aber zwischen den Menschen, die in bezug auf die moralische Würde der Menschennatur alle gleich sind, bestehen auf der anderen Seite große Ungleichheiten. Da sind zunächst die Unterschiede des Alters und Geschlechts. Was dem Alter ziemt, schickt sich nicht für die Jugend. Wie hoch man die Frauen stellen mag, die grundlegenden Unterschiede in physischer wie in moralischer Hinsicht lassen sich nicht aus der Welt schaffen. Zu den natürlichen Ungleichheiten gehören weiter die der geistigen und körperlichen Anlagen, die sogenannten Talente und die Charaktereigenschaften. Jede Kinderstube liefert dafür die Belege. Wie verschieden geartet sind Kinder der nämlichen Eltern! Dazu aber gesellt sich sodann in jedem weiter fortgeschrittenen Gemeinschaftsleben die folgenschwere Ungleichheit des Besitzes. Hier liegt der Grund der tiefsten, empfindlichsten, sich immer neu steigernden Differenzierung innerhalb der menschlichen Gesellschaft. Man denke nur allein daran, was alles für die körperliche und geistige Ausbildung von Kindern vermögender Eltern geschieht, zu einer Zeit, wo die armen schon um die Notdurft des Lebens ringen müssen, an den gewaltigen Vorsprung, den sie dadurch vor den andern gewinnen, so daß sie ihre bevorzugte Stellung noch mehr erweitern und befestigen können. An die Ungleichheit des Besitzes schließt sich die Ungleichheit in Bildung und Sitte, in Lebensgewohnheiten und Lebensbedürfnissen. Eine letzte Quelle der Ungleichheit liegt endlich in der Ordnung des Gemeinschaftslebens. Auch in den denkbar einfachsten Verhältnissen ist der Unterschied von Befehlenden und Gehorchenden unvermeidlich. Je entwickelter eine gesellschaftliche Organisation ist, desto mannigfaltiger auch die Abstufung von Organen und Behörden.

Immer wieder und in allen Perioden der Geschichte hat der

Anblick der bestehenden Ungleichheit nicht nur den Neid der Enterbten aufgestachelt, sondern auch die Frage nach einer besseren Gestaltung der Gesellschaft aufwerfen lassen. Immer wieder und bis in die Neuzeit hinein hat sich an dieser Frage die Glut revolutionärer Leidenschaft entzündet. Der Ruf nach Freiheit und Gleichheit ist der historische Schlachtruf der Umsturzbewegungen geworden. Aber während der Ruf nach Freiheit sich bei der Auflehnung gegen die drückenden Fesseln veralteter Einrichtungen oder despotischer Maßregeln auf das natürliche Recht des Menschen berufen kann, geht der revolutionäre Ruf nach Gleichheit weit darüber hinaus. Denn ihm ist ja keineswegs Genüge getan durch die Gleichstellung aller vor dem Gesetze, nach ihm soll es vielmehr keinen Unterschied mehr geben von arm und reich, vornehm und gering. Daß die Natur eine völlige Gleichheit der Menschen untereinander nicht kennt, wurde zuvor in die Erinnerung gerufen. Die dort erwähnten Unterschiede würden sich geltend machen, auch wenn im übrigen eine unterschiedslose Gleichheit der Lebensverhältnisse mit Einschluß des Besitzes hergestellt wäre, und es müßten Maßnahmen getroffen werden, die immer wieder hervorbrechende Ungleichheit unschädlich zu machen. Und mit welchem Rechte sollten derartige Einrichtungen und Maßregeln eingeführt und festgehalten werden? Auf dem Standpunkte des Materialismus läßt sich überhaupt von Recht nicht sprechen, nicht vom Recht der Existenz und nicht von einem solchen auf vollkommene Gleichheit. Hier öffnet sich kein Weg, der zur Anerkennung einer pflichtmäßigen Beschränkung hinführte, hier ist der Kampf ums Dasein das oberste Lebensgesetz, in dem ein jeder nur darnach trachtet, sein eigenes Ich siegreich durchzusetzen. Das selbstsüchtige Individuum strebt nach Befestigung und Erweiterung der eigenen Macht, – woher sollte die Tendenz nach gleicher Machtverteilung an alle, nach der Einführung und Behauptung völliger Gleichheit kommen? Aber auch auf dem Standpunkte, von dem aus die vorangegangenen Erörterungen angestellt wurden, läßt sich ein dahin zielender Rechtsanspruch nicht ableiten. Die gleiche Menschenwürde, die allen zukommt, schließt nicht zugleich für alle den gleichen Anspruch auf Besitz und Genuß ein. Viel eher weist die verschiedenartige Ausrüstung, welche die einzelnen zum Leben mitbringen, auf eine ursprüngliche Verschiedenheit der ihnen zugefallenen Lebenslose hin.

Daß die Ungleichheit des Besitzes, daß insbesondere der klaffende Abstand zwischen dem übermäßigen Reichtum einiger wenigen und der kärglichen Lebenshaltung der großen Masse zu einem schweren, den Bestand des Gemeinwesens bedrohenden Übelstande werden kann, soll gewiß nicht bestritten werden. Schon die Philosophen des griechischen Altertums befaßten sich mit dem Problem, wie dem abzuhelfen sei. Es ist ein politisches Problem, keine Frage des Rechts, aber freilich mit Rechtsfragen enge verwachsen und daher zweckmäßigerweise erst zu erörtern, wenn diese, wenn insbesondere die Frage nach dem Rechte des Eigentums, in ihrem vollen Umfange zur Erörterung gelangt sind.

Fünftes Kapitel:
Der Staat und die Rechtsordnung (Fortsetzung)

Im vorangehenden Kapitel wurden aus dem Begriffe der menschlichen Persönlichkeit bestimmte Anforderungen an die Rechtsordnung abgeleitet, welche der Staat durch seine Zwangsbefugnis sicherzustellen und durch seine Gesetzgebung zu entwickeln und näher zu bestimmen hat. Wiederholt aber ergaben sich Ausblicke, die über den Einzelmenschen hinausführen. In seiner vollen Bedeutung, seiner Idee nach, wird der Mensch nur begriffen, wenn er zugleich als Bestandteil einer sozialen Gliederung und nicht minder in seiner Beziehung zu der ihn umgebenden Natur aufgefaßt wird. Auch von da ergeben sich Anforderungen an die Rechtsordnung und begründen sich Institutionen, welche der Staat zu normieren und zu befestigen hat, die aber wiederum ihre Wurzeln im natürlichen Rechte besitzen. Oder, wer den Namen perhorresziert, mag statt dessen sagen: die in der sittlichen Ordnung wurzeln, soweit dieselbe die Norm für menschliches Gemeinschaftsleben enthält.

Der Familie wurde schon früher gedacht als der Verbindung von Mann und Frau, von Eltern und Kindern. Plan und Gesetz der göttlichen Weltordnung gewinnt in ihr deutlichen Ausdruck. Physische Gebundenheit und sittliche Freiheit treffen bei ihr zusammen. Nach der einen Seite ist die Familie eine notwendige Vergesellschaftung. Das Menschengeschlecht ist den Gesetzen des organischen Lebens unterworfen, das Individuum stirbt, aber die Menschheit erhält sich in der Erzeugung neuer Individuen. Die Familie, in welcher der einzelne das Leben empfängt, ist somit das Mittel zur Erhaltung des Menschengeschlechts. Nach der anderen Seite aber ist die Familie eine freie Gesellschaft, sofern nicht jeder gehalten ist, eine solche zu begründen, ja sogar durch höhere Motive bestimmt werden kann, darauf zu verzichten. Die Familie ist aber weiterhin zugleich das Mittel zu wahrhaft menschheitlicher Entwicklung. Fortschreitende äußere und innere Vervollkommnung, welche die Bestimmung des Einzelmenschen und das Ziel der Menschheit ist, verlangt geordnete Überlieferung der menschlichen Bildung und Sitte. Die intellektuellen und moralischen Anlagen des Kindes bedürfen zu ihrer Entfaltung der Erziehung und Unterweisung, der Belehrung und Zucht. Die Erziehung aber setzt, zumal in ihrem Beginne, einen engen und dauernden Kreis von Personen voraus, die durch die stärksten Bande der Zuneigung in gegenseitiger Hingebung miteinander verknüpft sind, so wie es sich nur in der Familie findet. Auf ihn weist, wovon schon früher die Rede war, die notwendige Unterhaltung des hilflosen menschlichen Kindes hin, aber diese Zeit der unentbehrlichen körperlichen Pflege ist zugleich die wichtigste, grundlegende Periode der Erziehung. In der Familie lernt das Kind sprechen, erwirbt es die ersten Vorstellungen, sammelt es Eindrücke, die immer bleiben, lernt es den Unterschied von gut und böse. So ist die Familie ein in der sittlichen Ordnung begründeter Menschheitszweck, eine in der Natur angelegte ursprüngliche Einrichtung, keine menschliche Erfindung oder Veranstaltung. Sie ist die Pflanzstätte der Gesittung, die Vermittlerin zwischen der alten und der neu auftretenden Generation, der Ausgangspunkt für das gesamte menschliche Gemeinschaftsleben und recht eigentlich die Grundlage der Staaten.

Daraus ergeben sich wiederum Forderungen, welche die Rechtsordnung zu erfüllen hat. Denn die Realisierung der in die sittliche Ordnung eingeschlossenen Zwecke ist abhängig von den freien Handlungen der Menschen. Darum bedarf es, damit die Familie ihre Aufgabe erfüllen kann, der Einschränkung des Freiheitsgebrauchs, welche das Recht vorschreibt. Es kann nicht hingebende, opferbereite Gatten, sorgsame, liebevolle Eltern, dankbare Kinder erzwingen, wohl aber anordnen und durchsetzen, was für die Entfaltung des sittlichen Lebens innerhalb der Familie die unerläßliche Voraussetzung bildet. Gerade darum aber muß es, wie bei den Individuen, so auch hier die autonome Sphäre wahren. Gesetzgebung und Staatsgewalt müssen stets eingedenk bleiben, daß die Familie ihr eigenes Lebensgesetz hat, welches sich nicht willkürlich ändern läßt, und deshalb jeder unbefugte Eingriff von außen als Störung und Hemmnis empfunden werden muß. Des näheren aber sind es zwei Verhältnisse, welche der Ordnung durch das Recht unterliegen, das der beiden Gatten zueinander oder die Ehe, und das der Eltern zu ihren Kindern. Über beide soll in Kürze einiges gesagt werden.

Die Ehe besteht in der auf freier Willenseinigung beruhenden Verbindung von Mann und Weib zu dauernder ungeteilter Lebensgemeinschaft. Sie ist kein bloßer Vertrag, wenn auch Eheschließung die Form der Vertragsschließung hat, denn der Zweck, zu dem sich die Ehegatten verbinden, ist in die sittliche Ordnung eingeschlossen und darum ihrer Willkür entzogen. Aus diesem Zwecke folgen die gegenseitigen Rechte und Pflichten, die nicht nach freiem Ermessen erweitert oder eingeschränkt, werden können. Sie fordert die innigste Vereinigung der Persönlichkeiten, welche volle gegenseitige Hingabe erheischt. Daraus folgt unmittelbar, daß die Ehe ihrem Begriffe nach nur Monogamie sein kann, Verbindung eines Mannes mit einem Weibe, weil nur hier eine solche Hingabe und wirkliche Lebensgemeinschaft möglich ist. Wo Vielweiberei herrscht, ist die Frau niemals die vollberechtigte freie Gefährtin des Mannes. Nicht minder aber fordert der Begriff der in ihrer ganzen Hoheit und Reinheit aufgefaßten Ehe die Unauflöslichkeit. Gegenseitige völlige Hingabe ist nicht möglich, wo die Verbindung nur auf Zeit geschlossen und die Zurücknahme möglich ist. Ihrer innersten Natur nach muß die Ehe als eine über den Wechsel der Neigungen und Leidenschaften, ja selbst über gegenseitiges Verschulden hinausgehobene, schlechthin unauflösliche Verbindung gelten. Das wichtigste Erfordernis für das Eingehen einer Ehe ist daher nicht die über alles Maß verherrlichte Geschlechtsliebe, sondern die ernste sittliche Gesinnung. Die Leidenschaft flieht, die Liebe muß bleiben, sagt der große deutsche Dichter. Aber nur die Liebe überdauert die Wechselfälle des Lebens, nur sie bewährt sich in allen Aufgaben und Prüfungen, welche von einer derartigen Gesinnung getragen und ganz und gar erfüllt ist von dem Gedanken der Pflicht. Eine solche Liebe aber besitzt in der Unauflöslichkeit zugleich die festeste Stütze. Wenn ein Auseinandergehen der Gatten möglich ist, kann sich jede kleine Verschiedenheit des Empfindens und Gewohntseins, jede Verstimmung und jede Meinungsverschiedenheit zu einer unheilbaren Entfremdung ausweiten. Nicht minder ist durch die Pflichten gegen die Kinder Unauflöslichkeit gefordert. Die Erziehung verlangt einträchtiges und andauerndes Zusammenleben beider Eltern. Es ist ein schweres Unglück, wenn Kinder der väterlichen Autorität, der sorgenden mütterlichen Liebe entbehren müssen, zu unsühnbarem Unrecht aber wird es, wenn freiwilliges Auseinandergehen der Eltern sie des einen und andern beraubt. Nur die unauflösliche Ehe ist die Heimstätte von Zucht und Sitte, das Mittel sittlicher Vervollkommnung, die Quelle sittlicher Kraft. Allein durch ihre Unauflöslichkeit wahrt sie ihre Heiligkeit und ihre überragende Bedeutung.

Was hier aus dem Begriffe der wahren Ehe abgeleitet wurde, hat im Christentum noch eine höhere Weihe erhalten. Nach der Lehre der katholischen Kirche ist die Ehe ein Sakrament. Sie wird dadurch über die Naturordnung hinausgehoben und zu einem Mittel gegenseitiger übernatürlicher Gnadenvermittlung gemacht. Aber nicht so, daß der sakramentale Charakter nur äußerlich und nachträglich zum Ehevertrag hinzuträte. Vielmehr ist jede wirkliche Ehe, welche Christen miteinander eingehen, als solche auch eine sakramentale. Mit um so größerem Nachdrucke und Erfolg konnte deshalb die Kirche für die von dem heidnischen Altertum verkannte Würde und

Bedeutung der Ehe eintreten, weil sie um ihres sakramentalen Charakters willen Gesetzgebung und Rechtsprechung in allen Fraugen für sich in Anspruch nahm, welche das innere Wesen der Ehe, ihre Erlaubtheit und Gültigkeit angehen. Jahrhundertelang fand sie dabei die Unterstützung des bürgerlichen Gesetzes. In der Neuzeit ist das friedliche Zusammenwirken der beiden Gewalten einer mehr oder minder schroffen Trennung gewichen, welche mannigfache Verwirrung und unlösbare Konflikte nach sich gezogen hat. Die Kirche kann auf ihren grundsätzlichen Standpunkt nicht verzichten, der Staat, welcher gleichfalls das höchste Interesse daran hat, in der Ehe die Familie als das grundlegende Institut des Gemeinschaftslebens gegen auflösende Tendenzen und frevelhafte Willkür zu schützen, kann unmöglich, wie die Verhältnisse tatsächlich liegen, auch wenn die maßgebenden Persönlichkeiten dies wünschten, seine Gesetzgebung durch die grundsätzliche Auffassung eines einzelnen, größeren oder kleineren Teils der Bürger bestimmen lassen. Nur das muß verlangt werden, daß er nicht umgekehrt durch seine Bestimmungen eben diesen Teil im Gewissen beschwere.

Sieht man von der Frage ab, wem die Ehegesetzgebung zusteht, so ergibt sich als Aufgabe des Rechts, einerseits die Bedingungen zu wahren, von deren Vorhandensein die Möglichkeit einer wahren Ehe abhängt, andererseits fernzuhalten, was eine Minderung ihrer hohen Würde und eine Störung ihrer Zweckbestimmung einschließen würde. Weil das Eingehen einer Ehe ein gewisses Maß von körperlicher und moralischer Reife voraussetzt, knüpft das Recht die Ehemündigkeit an ein bestimmtes Lebensalter, in der Annahme, daß mit demselben auch jenes geforderte Mindestmaß als gegeben angesehen werden könne. Weil ferner die Ehe auf der Einigung der Willen beruht, so schützt das Recht die Freiheit der Einwilligung; Zwang und Irrtum machen eine Ehe nichtig. Das Recht der christlichen Kulturvölker wahrt sodann den monogamischen Charakter der Ehe, indem es Bigamie mit schwerer Strafe bedroht. Dagegen ist die Unauflöslichkeit fast überall aufgegeben. Zurückweichend vor der menschlichen Schwäche haben die meisten modernen Gesetzgebungen die Ehescheidung in bestimmten Fällen für zulässig erklärt. Für den

Katholiken bleibt bestehen, daß die rechtsgültige Scheidung für ihn niemals eine wirkliche Lösung vom Bande bedeuten kann. Aufgegeben ist auch die ältere Auffassung, daß die Ehe als die Schule der Zucht und Selbstbeschränkung nicht auf eine Tat ausbrechender Leidenschaft gegründet werden dürfe, und daher Ehebruch und Entführung als Ehehindernisse gelten müßten. Geblieben ist dagegen das Verbot der Ehe zwischen nächsten Verwandten.

Daß in der Familie der Zweck über den einzelnen stehe und ichrem Belieben entzogen ist, zeigt sich ganz ebenso im Verhältnisse der Eltern zu den Kindern. Sie haben, wovon schon in einem andern Zusammenhange die Rede war, die Pflicht, den Kindern zu beschaffen, was zu ihrem Lebensunterhalte nötig ist. Sie haben sodann die wietere Pflicht, ihre Kinder zu erziehen. Darin ist ein mehrfaches enthalten. Die Erziehung richtet sich auf die Aneignung eines gewissen Umfanges von Kenntnissen und Fertigkeiten, auf die Entwicklung der intellektuellen Anlagen, damit das Kind demnächst sich selbst seine Stellung im Leben sichern könne. Wichtiger aber noch ist die Entwicklung der moralischen Anlagen, die Bildung des Charakters. Im ersten Kapitel wurde das Sittengesetz als die Norm für die freien Handlungen des Menschen bezeichnet, durch deren Beobachtung und Erfüllung er an das Ziel seiner eigenen Vollendung gelangt. Aber dies geschieht nicht ohne Hindernisse und Abweichungen, Irrtümer des Verstandes und verkehrte Neigungen des Willlens. Es ist der hohe Beruf der Eltern, die Kinder nicht nur allgemein darüber zu belehren, was sie sollen und nicht sollen, sondern unermüdlich und im einzelnen durch Anweisung, Beispiel und Zucht den Willen des Kindes zu leiten, damit dieser allmählich die feste und stetige Richtung auf das Gute gewinne. Untrennbar damit verbunden ist für die christliche Familie die Pflicht der religiösen Erziehung. Je mehr in den Eltern der Geist wirtlicher Religiosität lebendig ist, desto wichtiger und unentbehrlicher für das Wohl des Kindes wird es ihnen erscheinen, den gleichen Geist auch in diesen zu erwecken und wirksam zu gestalten.

Demgegenüber ist die Stellung des Rechts eine zweifache. Mit aller Schärfe tritt es für die Alimentationspflicht ein und zwingt die

Eltern, nach Maßgabe ihres Vermögens den erforderlichen Aufwand zugunsten der Kinder zu machen. Was aber die Erziehungspflicht angeht, so schließt dieselbe der Natur der Sache nach auch die eigene Erziehungsgewalt der Eltern ein, welche das Recht als zur Autonomie der Familie gehörig zu achten hat. Es muß den Anspruch der Kinder auf Erziehung durchsetzen und die Eltern strafen, wenn sie die Kinder auf den Bettel, statt zur Schule schicken. Es schützt die körperliche und geistige Entwicklung der Kinder, wenn es den Eltern verbietet, sie vorzeitig mit gewerblichen Arbeiten zu beschäftigen, und die deutsche Gesetzgebung hat keinen Anstand genommen, einschneidende Maßregeln nach dieser Richtung zu treffen. Aber je ernster die Eltern selbst es mit der Erziehungspflicht nehmen, desto berechtigter ist das Verlangen, daß jeder fremde Eingriff ferngehalten bleibe. Weil sie sich Gott und ihrem Gewissen verantwortlich fühlen, wollen sie nicht dulden, daß die Erziehung der Kinder in einem anderen als dem von ihnen als richtig anerkannten Sinne erfolge. Auch die Anrufung staatlicher Hilfe zur Durchführung der Erziehungspflicht wird immer ein beklagenswerter Ausnahmefall sein, in welchem die Autorität der Eltern notleidet, während sich die schuldige Ehrfurcht der Kinder doch nicht erzwingen läßt. Beklagenswerter noch ist der andere Fall, wo der Staat die Kinder gegen pflichtvergessene und gewissenlose Eltern schützen muß. Grundsätzlich aber und regelmäßig soll die Autonomie der Familie unangetastet bleiben. Dies schließt Einschränkungen, die von der Seite der Gesamtheit kommen, keineswegs aus. Schon im Interesse der Aufrechterhaltung der Ordnung, mehr aber noch zur Erfüllung staatsbürgerlicher Pflichten ist ein gewisses Maß von Kenntnissen erforderlich. Daß ein jeder lesen und schreiben könne, ist danach ein berechtigtes Verlangen, und der Staat überschreitet seine Befugnis nicht, wenn er dies ausdrücklich und unter Strafandrohung vorschreibt. Nur muß dann auch durch die Einrichtung von öffentlichen Schulen dafür gesorgt sein, daß jeder, auch der ärmste, sich dieses Mindestmaß aneignen kann. Es ist also falsch und unberechtigt, gegen jeden staatlichen Schulzwang zu eifern. Kommt demselben in Deutschland doch auch das Verdienst zu, einer Ausbeutung der

Kinder durch den Industrialismus, wie sie anderwärts stattgefunden hat, wirksam entgegengearbeitet zu haben. Aber die Gefahr liegt nahe, daß der Staat, indem er das Unterrichtsmonopol für sich in Anspruch nimmt und keine andere, als die von ihm befohlene Unterrichtsweise zuläßt, die Gewissen der Eltern vergewaltigt und das Geistesleben der Kinder tyrannisch in eine Schablone zwängt. Dann überschreitet er seine Kompetenz und das natürliche Recht der einen wie der andern steht gegen ihn.

Der revolutionäre Sozialismus fragt danach nicht. Er erneuert das Wort Dantons, daß die Kinder zuerst dem Staate und dann den Eltern gehören. Oder vielmehr es wird weder Pflichten noch Rechte der Eltern mehr geben, wenn einmal die angeblich höhere Form der Familie und des Verhältnisses der beiden Geschlechter Wirklichkeit angenommen haben wird. Daß der moderne Industrialismus eine schwere Gefahr für die Familie bildet, daß von dem Segen des Familienlebens nicht gesprochen werden kann, wenn Vater und Mutter von früh bis spät durch gewerbliche Arbeit vom Hause ferngehalten werden und die Fürsorge für die Kinder Fremden überlassen bleibt, ist gewiß. Hier liegen schwierige, aber unendlich wichtige Probleme der Sozialpolitik. Die revolutionäre Theorie dagegen preist die beginnende Auflösung der Familie als den Übergang zum Bessern. Mit Vorliebe ergeht sie sich in einer hämischen Kritik der heutigen Verhältnisse und der Motive, welche freilich nur zu oft zu Eheschließungen innerhalb der bürgerlichen Gesellschaft führen. Sie trifft damit an dem Ziele vorbei, denn äußerliche und niedrige Motive der einzelnen können die Hoheit der Institution nicht beeinträchtigen. Und was will sie an die Stelle der heutigen Ehe und Familie setzen? Sie preist die freie Liebe, aber sie kann den Nachweis nicht bringen, daß, und den Weg nicht zeigen, wie unter Ausschaltung des Pflichtgedankens auf die bloße Geschlechtsliebe eine neue Ordnung sich könnte begründen lassen. Es ist eitle Vorspiegelung, wenn sie davon die wirkliche Gleichstellung der Geschlechter erwartet und verheißt. Werden erst die sittlichen und rechtlichen Schranken niedergerissen, welche in dem Institut der Ehe gelegen sind, so muß die physische Ungleichheit zur Unterdrückung des Weibes führen, auf welches die Natur die schwerste Last bei der Erhaltung des Menschengeschlechts gelegt hat. In der Jugend ein Mittel des Genusses wird es späterhin verlassen, verachtet sein, ohne Anspruch auf Schutz und Fürsorge, ohne eigenen Lebensinhalt, oder aber im anderen Falle die gefürchtete und bekämpfte Konkurrentin des Mannes. Frauen, welche einer solchen Umgestaltung der Verhältnisse das Wort reden, wissen nicht, was sie tun. In unglaublicher Verblendung arbeiten sie an der Entwürdigung des eigenen Geschlechts und dem Niedergang menschlicher Gesittung. Im Gegensatze zu solch verbrecherischem Wahnsinn gilt es, den Staat in allen den Maßnahmen zu unterstützen, welche darauf abzielen, die Reinheit der Ehe, die hohe Bedeutung der Familie und die gegenseitigen Rechte der Eltern und Kinder zu sichern und zu wahren.

Das zweite ist die Stellung des Menschen zur Natur. Hier hat das Eigentumsrecht seine Wurzeln. Man könnte daran denken, dasselbe unmittelbar aus dem Rechte der physischen Existenz abzuleiten, in welchem, wie früher ausgeführt wurde, der Anspruch auf das begründet liegt, was zum Unterhalt des Lebens unentbehrlich ist. Aber die Befugnis, sich Gegenstände zum Verbrauche jeweils im Bedürfnisfalle anzueignen, erschöpft den Begriff des Eigentums nicht und sie kann, wie sich früher ergab, mit bestehenden Eigentumsverhältnissen in Konflikt kommen. Eigentum bedeutet Herrschaft einer Person über eine Sache. Die Sache ist dem Willen einer Person unterworfen, welche ausschließlich darüber zu verfügen hat. Es bezieht sich keineswegs nur auf Gegenstände des Verbrauchs, sondern auf alles, was dem Willen einer Person unterworfen sein kann, nicht nur auf die Früchte, welche der Boden hervorbringt, sondern auf den Boden selbst, daher auch nicht nur auf den Verbrauch der Gegenstände, sondern ihren dauernden Besitz mit allen Arten des Gebrauchs und der Nutzung, welche sich daran anknüpfen. Es schließt nicht minder die Befugnis ein, den Willen von der beherrschten Sache zurückzuziehen, sich ihrer nach freiem Ermessen zu entäußern. Von einem Rechte des Eigentums aber kann auf dem hier eingenommenen Standpunkte und in Konsequenz der bisherigen Aufstellungen nur gesprochen werden, wenn sich zeigen läßt, daß die Menschen eine solche Herrschaft über die Sachen ausüben sollen, und die Unterwerfung derselben unter den persönlichen Willen ein in die sittliche Ordnung eingeschlossener Menschheitszweck ist.

Gegenstände des Verbrauchs entnimmt auch das Tier der umgebenden Natur. Mit den Mitteln, welche diese ihm bietet, befriedigt es sein Nahrungsbedürfnis. Der Mensch hat mehr Bedürfnisse als das Tier, denn neben der Nahrung bedarf er der Kleidung, und nur in geringem Umfange findet er in der Natur die Mittel zu ihrer Befriedigung fertig vor. Vielmehr muß er das Vorgefundene erst durch Betätigung seiner geistigen und physischen Kräfte für seine Zwecke geeignet machen, er muß die Nahrung zubereiten und seine Kleidung durch mannigfache Verarbeitung der Naturprodukte herstellen. Er muß sich seine Hütte bauen. Während die Natur das Tier mit den Waffen und Werkzeugen ausgerüstet hat, deren es bedarf, um sein Leben in bestimmter Weise unter gegebenen Bedingungen zu betätigen und zu erhalten, muß der Mensch auch diese sich zuerst selbst beschaffen. Er besitzt dafür nur die Hand, das „Werkzeug der Werkzeuge", und er besitzt zum unverwischbaren Unterschiede von den höchst organisierten Tieren die vorschauende, Zwecke setzende und Mittel ersinnende Vernunft. So ist freilich seine Stellung zu den Sachgütern eine ganz andere. Mit Bewußtsein gliedert er sich dieselben an, nach eigener Wahl unter zweckmäßiger Verwendung seiner Kräfte. Darin betätigt er seine Freiheit, bekundet er die Eigenart seiner Persönlichkeit, bestärkt und erweitert er dieselbe durch die neu gewonnenen Organe und Hilfsmittel. Aber es schlummern noch ganz andere Kräfte in ihm. Sie werden erwachen, sobald er nicht mehr Tag für Tag um die Notdurft des Lebens zu kämpfen hat, sondern die Mittel seines Unterhaltes dauernd und ausreichend und in geordneter Weise vorhanden sind. Die Sicherung der wirtschaftlichen Existenz ist die Voraussetzung für die Erfüllung höherer Zwecke, für Kunst und Wissenschaft, für jede gesteigerte materielle und geistige Kultur, alles Dinge, die sein sollen, Aufgaben, die dem Menschen durch sein Wesen und seine Weltstellung vorgezeichnet sind. Gesicherte wirtschaftliche Existenz, regelmäßige und vorausschauende Fürsorge für den Lebensunterhalt ist nicht möglich, solange der Mensch nur nach dem greift, was sich augenblicklich und zufällig zur Bedürfnisbefriedigung darbietet, sondern nur, wenn er die Mittel dazu dauernd seinem Willen unterwirft. So also gilt, daß die Menschen sich die Güter der Erde unterwerfen sollen, damit wahrhaft menschheitliches Leben zustande kommt. Im Lichte theistisch-teleologischer Weltauffassung bestimmt sich dies dahin, daß Gott das Menschengeschlecht in den Besitz der Erdengüter eingewiesen hat, so daß daraus für einen jeden die Befugnis stammt, alles das seinem Willen zu unterwerfen, was in die Herrschaft desselben eingehen kann und noch nicht einem andern Willen unterworfen ist. Das ist der tiefste Grund des Eigentumsrechts, die ursprüngliche Form des Eigentumserwerbs aber ist die Besitzergreifung, die Okkupation. Nur darum wird aus der Tatsache ein Recht, weil der Mensch durch seine Weltstellung zur Herrschaft über die Sachgüter berufen ist. Es gibt keinen andern Weg, dasselbe zu begründen.

Dies wird noch deutlicher, wirft man einen Blick auf eine verbreitete Theorie, welche das Eigentum aus der Arbeit herleiten will. Das Recht soll sich daraus ergeben, daß der Mensch durch seine Arbeit Eigentum selbst hervorbringt, und die Theorie empfiehlt sich somit allen denen, welche die Selbstherrlichkeit des Menschen durch keine Rücksichtnahme auf eine höhere Ordnung eingeschränkt wissen wollen, von der der Mensch ein Glied und der er unterworfen ist. Sie wurde zuerst von dem englischen Philosophen John Locke aufgestellt, ist dann von Adam Smith, dem berühmten Begründer der Nationalökonomie aufgenommen und von seinen Nachfolgern eifrig propagiert worden, bis der Sozialismus sich anschickte, in seinem Sinne, aber mit untadeliger, Logik, die Konsequenzen daraus zu ziehen. In der Tat kann Arbeit gar nicht der letzte Grund des Eigentums nach seinem ganzen Umfange sein. Denn Arbeit als Erwerbsquelle setzt eine bestimmte Eigentumsordnung schon voraus. Wo von dem angeblichen Rechte auf Arbeit gehandelt wurde, mußte darauf hingewiesen werden, daß produktive Arbeit Produktionsmittel verlangt. Die Stellung des Arbeiters zu denselben ist eine verschiedene, er kann Eigentümer oder Pächter derselben oder er kann von einem Eigentümer oder Pächter zur Bearbeitung derselben gegen Lohn in Dienst genommen sein. Das gilt von landwirtschaftlicher ebenso wie von gewerblicher Arbeit. So spitzt sich die Frage dahin zu, woher das Eigentum an Produktionsmitteln stamme? In entwickelten Verhältnissen mögen sie durch Kauf erworben sein. Der kapitalkräftige Unternehmer baut Werkstätten, stellt Maschinen auf, schafft Rohstoffe an. Kapital aber, so belehrten uns alsdann ältere Vertreter der Theorie, ist nichts anderes als aufgespeicherte Arbeit. Zur ersten und ursprünglichen Quelle des Eigentums gelangt man indessen auf diesem Wege nicht, vielmehr wird man zuletzt doch wieder auf Okkupation hingewiesen, möge man nun an gewerbliche oder an landwirtschaftliche Arbeit denken. Oder aber, – und dies eben ist die Konsequenz, welche der Sozialismus zieht, – es gibt kein Eigentum an Produktionsmitteln. Wenn die Arbeit allein Eigentum schafft, so kann Eigentum nur werden, was erarbeitet werden kann, so sind Grund und Boden und alle Rohstoffe der Natur der Sache nach davon ausgeschlossen, in das Eigentum eines einzelnen einzugehen. Sie gehören der Gesamtheit. Und darum ist die heutige auf das Privateigentum von Produktionsmitteln aufgebaute Gesellschaftsordnung durch und durch ungerecht. Sie ist eine Vergewaltigung der großen Masse durch eine Minderheit von Besitzern, die sich widerrechtlich Produktionsmittel angeeignet haben.

Eine Zeitlang hat man sehr ernsthaft geglaubt, diese logische Folgerung auch durch die Geschichte bestätigen zu können. Der Begriff eines ausschließenden Sondereigentums knüpft sich, so wurde berichtet, ursprünglich nur an diejenigen Gerätschaften und Werkzeuge an, welche durch täglichen unausgesetzten Gebrauch mit der Persönlichkeit des Gebrauchenden sozusagen zusammenwuchsen. An eine Ausdehnung desselben auf Mittel einer privaten wirtschaftlichen Produktion dachte niemand. Wie sollten Nomadenstämme auf einen solchen Gedanken kommen, solange sie ihre Herden unbehindert über weite Gefilde trieben? Kämpfte aber Stamm gegen Stamm um die besten oder die gewohnten Weidegründe, so war es der Gedanke des Stammeseigentums, der damit auftrat. Und dabei blieb es auch, wenn der Stamm seßhaft wurde und sich dem Ackerbau zuwandte. Acker, Wald und Weidegründe gehörten der Gesamtheit. Bei Wald und Weide blieb der Natur der Sache nach auch die Nutzung eine gemeinschaftliche, das Ackerland aber mag in der Regel in Parzellen zu gesonderter Bewirtschaftung ausgelost worden sein. Mancherlei Veranstaltungen konnten getroffen werden, eine möglichst gleichmäßige Verteilung herbeizuführen oder aufrecht zu erhalten. Die Zunahme der Bevölkerung, die gesteigerte Kulturarbeit, welche hierdurch erforderlich wurde, die Lockerung des Stammesverbandes beim Erwachen von Sonderinteressen und die echt menschliche Anhänglichkeit an die Gegenstände und den Schauplatz der täglichen Arbeit ließen sodann mit der Zeit eine zweite Phase entstehen, in welcher die einzelnen Familien nicht mehr bloß Nutznießer, sondern Eigentümer des bearbeiteten Bodens waren. Aber sie waren es in dem Sinne, daß die Familie als ein bleibendes, im Wechsel der Generationen sich erhaltendes Ganzes aufgefaßt wurde, an welches das Grundeigentum gebunden war. Eine Veräußerung sollte nicht stattfinden. Auch darüber führte die Entwicklung hinaus. Mit dem Aufkommen von Gewerbe und Handel traten dem Grundeigentum andere Werte an die Seite. Auch die Bande der Familien lockerten sich, an die Stelle der früheren Abschließung trat der Verkehr der verschiedenen Gemeinden, Staaten, Völker untereinander. In dem regen Austausch der Werte, den die Einführung des Geldes förderte, wurde die Bindung der Grundstücke als Fessel empfunden und darum abgeworfen. Nunmehr war der Unterschied zwischen dem Eigentum an beweglichen und dem an unbeweglichen Sachen aufgegeben. Das Ergebnis dieser Entwicklung aber, welche das geschichtliche römische Recht zum größten Teile schon hinter sich hatte, war die wachsende Ungleichheit der Eigentumsverteilung, die sich steigernde Macht der Besitzenden und die Ausbeutung der Besitzlosen.

Die Zuversicht, mit der man in der so charakterisierten Stufenfolge eine historische Tatsache oder ein allgemeines Gesetz der Menschengeschichte erblicken wollte, besteht nicht mehr. Eine genaue und umfassende Prüfung aller historischen Zeugnisse und auffindbaren Spuren hat sie erschüttert. Aber auch wenn dies nicht der Fall wäre, wenn wirklich überall die Entwicklung in der geschilderten Weise verlaufen wäre, – was würde daraus folgen? Doch nur dies, daß die Eigentumsverhältnisse jeweils so geordnet waren,wie es der wirtschaftlichen Lage, den Bedürfnissen und Interessen der Völker entsprach. Unmöglich könnte damit die Forderung begründet werden, zu irgendeiner der durchlaufenen Stufen oder dem Ausgangspunkt zurückzukehren. Nur dann könnte eine solche Forderung erhoben werden, wenn ganz unabhängig von geschichtlichen Vorkommnissen die Meinung feststünde, daß Grund und Boden und die Produktionsmittel überhaupt nicht in das Privateigentum der einzelnen eingehen dürften. Mit welchen Argumenten aber will man diese Meinung stützen? Immer wieder muß darauf hingewiesen werden, daß es innerhalb der mechanisch-materialistischen Weltbetrachtung keine ursprünglich feststehenden Zwecke und kein Sollen gibt, sondern nur eine naturgesetzliche Entwicklung. Nichts anderes als eine naturgesetzliche Entwicklung war es hiernach, was zur Einbeziehung auch der Produktionsmittel in das Sondereigentum geführt hat. Möglich also, daß ein eben solcher Prozeß rückläufig zu einer neuen Form des Gemeineigentums zurückführen wird, aber von Recht oder Unrecht kann weder mit Bezug auf das, was hinter uns liegt, noch mit Bezug auf das, was der Schoß der Zukunft birgt, gesprochen werden. Dann mag, wer bei der bisherigen Entwicklung zu kurz gekommen ist oder als Menschenfreund mit den Benachteiligten empfindet, dieselbe beklagen oder als verderblich schelten und eine Beschleunigung des rückläufigen Prozesses wünschen, er kann als ein Mann des Umsturzes den Groll und Neid der Besitzlosen aufstacheln, – aber ethische Kategorien müssen füglich aus dem Spiele bleiben.

Vom Standpunkte der theistisch-teleologischen Weltansicht dagegen ist zu wiederholen, was schon gesagt wurde. Ein Anspruch auf gleichen Anteil am Besitz und Genuß der Erdengüter läßt sich aus dem Wesen des Menschen und seiner Stellung in der Welt nicht ableiten. Und ein Verdammungsurteil über den geschichtlichen Prozeß, der zur vollen Ausgestaltung des uneingeschränkten Privateigentums geführt hat, läßt sich nicht damit begründen, daß wachsende Ungleichheit in der Besitzverteilung seine unausbleibliche Folge ist. Jeder soll seine Persönlichkeit betätigen, er soll das ihm gesteckte Ziel und die ihm vorgezeichnete Vollendung erreichen, daß dies unter gleichen äußeren Umständen zu geschehen habe, ist jedoch keine Forderung, die sich mit einleuchtenden Vernunftgründen erweisen ließe. Die Einsicht, daß die Menschheit zur Herrschaft über die Natur berufen ist, schließt nicht zugleich die Erkenntnis eines bestimmten Systems ein, nach welchem ausschließlich diese Herrschaft ausgeübt werden darf. Die Geschichte der menschlichen Wirtschaft zeigt, daß dies in verschiedener Weise geschehen ist. Unerträglich, das heißt der sittlichen Ordnung widerstreitend und daher auch einer rechtlichen Ausgestaltung unfähig ist allein eine Einrichtung des menschlichen Gemeinlebens, welche einem Teile der Mitglieder die Erfüllung ihrer eigentlichen Menschheitszwecke dauernd erschwert oder ganz unmöglich macht. Daß dies von der Institution des Privateigentums gelte, kann nicht behauptet werden. Nur muß man festhalten, daß daneben andere Rechte fortbestehen. Das anerkannte Recht des Privateigentums fordert als seine notwendige Ergänzung die Unterhaltung der Bedürftigen und Arbeitsunfähigen aus den Mitteln der Gesamtheit. Daß hier die staatliche Armenpflege einzusetzen habe als rechtliche Institution wie als politische Aufgabe wurde schon ausgesprochen. Hier ist noch darauf hinzuweisen, daß noch darüber hinaus sittliche Pflichten für den einzelnen auf dem Eigentum liegen. Wo Aristoteles gegen Plato, der in seinem Idealstaate Gütergemeinschaft eingeführt sehen wollte, die Zweckmäßigkeit des Privateigentums verteidigt, fügt er sogleich hinzu, für den Gebrauch müsse trotzdem das Wort gelten, daß unter Freunden alles gemein sei. Und mit schneidender Schärfe haben die Kirchenväter verlangt, daß die strenge Absonderung von Mein und Dein im Sinne christlicher Nächstenliebe überbrückt werde. Sonst Wehe den Reichen! Nach der Auffassung des germanischen Mittelalters ist das Eigentum ein Lehen, von Gott, dem höchsten Lehensherrn, übertragen, aber auch mit bestimmten Lasten zugunsten des Nächsten und der Gesamtheit beschwert.

Daß aber auch die rechtliche Entwicklung der Eigentumsordnung niemals zu einer unbedingten Herrschaft über die Sache im Sinne einer völligen Loslösung des Individuums aus der Gemeinschaft hinführen kann, ist soeben wieder bemerkt worden. Als Glied der Gemeinschaft ist es verpflichtet, an den Lasten derselben teilzunehmen. In der staatlichen Besteuerung findet dies seinen fühlbaren Ausdruck. Aber der einzelne darf mit seinem Eigentum auch nicht in einer Weise schalten, die andern zum Schaden gereicht, er kann gehalten werden, im Gebrauche desselben sich den Interessen der übrigen anzupassen, ja er muß sogar, wo ein überragendes Interesse der Gesamtheit dies verlangt, auf sein Eigentum verzichten. Ich darf mein Haus nicht anzünden, weil dies eine Gefahr für die Nachbarn sein würde. In vielen Staaten zwingt das Gesetz die Waldbesitzer zu rationellem Betrieb und zur Wiederaufforstung der kahlen Flächen. Nicht nur in außerordentlichen Notfällen, in Krieg oder Feuersgefahr, sondern zugunsten einer Straßen- oder Eisenbahnanlage wird Expropriation verfügt, freilich so, daß die Gesamtheit die Verpflichtung anerkennt, den Expropriierten zu entschädigen.

Aus dem Gesagten erhellt, daß bei der Ausbildung der rechtlichen Eigentumsordnung verschiedene Momente zusammenwirken. Das erste ist der aus Wesen und Weltstellung des Menschen stammende Anspruch, sich die Natur zu unterwerfen und zu diesem Ende sich die Güter der Erde anzueignen. Aber der Mensch ist ein soziales Wesen, daher er jenen Anspruch der Regel nach nur betätigen kann als Mitglied einer kleineren oder größeren Gemeinschaft und nur in dem Umfange, der ihm neben und unter den anderen zukommt. Dazu tritt dann als ein weiteres Moment die jeweils erreichte Stufe des Wirtschaftslebens. Die Interessen und Bedürfnisse einer ackerbauenden Bevölkerung unter einfachen Verhältnissen empfehlen die Bindung des Grundeigentums, sei es als Stammeseigentum oder als Familieneigentum. Umgekehrt verlangen Industrie und Handel möglichst leichten Übergang der Werte von einem Besitzer auf den andern. Daraus ergibt sich mit Notwendigkeit das dritte, daß zuletzt positive Rechtssetzung die Eigentumsordnung bestimmt, welche innerhalb des Gemeinwesens in Geltung steht. Aber diese ist trotzdem keine willkürliche Erfindung, und es ist ebenso falsch, das Eigentum, wie es falsch ist, den Staat auf einen bloßen Vertrag zurückzuführen. Daß überhaupt Eigentum sei, ist Forderung des natürlichen Rechts in dem mehrfach hervorgehobenen Sinne. Nicht minder aber verlangt das friedliche Zusammenleben der Menschen eine bestimmte Eigentumsordnung, damit der Streit über Mein und Dein tunlichst vermieden werde, oder eine Regel vorhanden sei, den dennoch ausgebrochenen zu schlichten. Wann eine Besitzergreifung als erfolgt anzusehen ist, was als Eigentum zu gelten hat, welches die Tragweite der eingeräumten Befugnisse ist, dies und ähnliches kann nur durch positives Recht festgesetzt werden. Die solchergestalt unter räumlich und zeitlich bestimmten Verhältnissen zustande gekommene Eigentumsordnung aber steht unter dem Schutze des natürlichen Rechts, von dort empfangen die einzelnen Bestimmungen ihre sittlich-verpflichtende Kraft.

In Bestimmungen, welche das Eigentum betreffen, geht ein großer, vielleicht der größte Teil des positiven Rechtes auf. Das kann nicht wundernehmen, weil zu allen Zeiten die Trägheit ernten wollte, ohne gesät zu haben, oder Neid und Habgier ihre Hände nach fremdem Gute ausstreckten, und dazu jede neue Form des Wirtschaftslebens, jedes neue Bedürfnis des Verkehrs Antrieb und Möglichkeit mit sich brachten, die rechtlichen Schranken zu durchbrechen oder heimlich zu umgehen. In Einzelheiten kann hier nicht eingegangen werden.

Das letzte, was noch zur Sprache zu kommen hat, läßt sich unter dem Namen des Verkehrs zusammenfassen. Nach einer früher getroffenen Einteilung scheiden sich die Zwecke, zu deren Schutz das Recht berufen ist, in solche, die ein für allemal gegeben sind und daher im Ablauf der Menschengeschichte gleichmäßig wiederkehren, und in wechselnde, der freien Wahl und willkürlichen Ausgestaltung unterworfene. Zu den ersteren gehören Persönlichkeit, Familie und auch der Staat seinem allgemeinen Wesen nach. Die andern entspringen aus den mannigfachen Bedürfnissen und Interessen, welche die Menschen zu größeren oder kleineren Vereinigungen zusammenführen. Um sich die Natur zu unterwerfen, um auf der

Grundlage geordneter Wirtschaft höhere Kultur erwachsen zu lassen, müssen die Menschen ihre Kräfte zusammenlegen, ihre Gaben und ihre Leistungen wechselseitig gegeneinander austauschen. Daraus ergeben sich bestimmte Verhältnisse zwischen den einzelnen, Einigungen der Willen zur Vornahme eines Geschäfts, wobei ein jeder leistet, damit der andere leiste, und in der Voraussetzung, daß er es tue. Eine derartige Willenseinigung ist ein Vertrag, der Verpflichtungen begründet und diesen gegenüberstehende Forderungen. Die besonderen Normen für das Tun und Lassen der durch Vertrag Verbundenen stammen aus dem jeweiligen Inhalte desselben und dem Zwecke der Übereinkunft, – aber daß geschlossene Verträge gehalten werden müssen, ist ein Grundsatz der allgemeinen Rechtsordnung, für welche der Staat mit seiner Zwangsgewalt eintritt. Man hat hin und her geredet, wie der Staat dazu komme, und gefragt, weshalb, wer damals wollte, als er ein Versprechen gab, nachher und späterhin wollen müsse, so daß er zur Erfüllung des Versprechens angehalten werden könne? Im Zusammenhange der hier vertretenen Gedanken ist es nicht schwer, die Antwort zu finden. Der Verkehr der Menschen untereinander gehört zu den in die sittliche Ordnung eingeschlossenen Menschheitszwecken; er soll sein, weil nur in ihm und durch ihn menschliches Leben nach allen Richtungen hin sich entfalten kann. Möglich aber ist er nur, wenn Treue und Glauben aufrecht erhalten, wenn die eingegangenen Versprechungen erfüllt werden, wenn nicht einer den andern täuscht und schädigt, indem er seinen Willen nachträglich wieder aus der Einigung zurückzieht. Auch hier aber gibt das Recht nur den Rahmen, innerhalb dessen freie Bewegung möglich ist. Es bestimmt die Voraussetzungen, von denen die Gültigkeit der Verträge abhängt, und die Folgen, welche die Nichterfüllung der eingegangenen Verbindlichkeiten nach sich zieht. Nur solche Personen können Verträge schließen, die im Besitze der physischen und geistigen Kräfte sind, von welchen das Vorhandensein wie die Äußerung einer freien Willensentscheidung abhängig ist. Der Gegenstand des Vertrags muß physisch möglich, sittlich erlaubt und rechtlich zulässig sein. Das letztere besagt, daß der Vertrag nicht nur keine Rechtsnorm verletzen darf, sondern daß er sich nur auf solche menschlichen Handlungen beziehen kann, welche überhaupt rechtlicher Regelung unterliegen. Ein Freundschaftsschwur, ein Ordensgelübde ist kein Vertrag. Endlich muß auch die Willenserklärung bestimmt ausgedrückt, sie muß von richtigen Voraussetzungen geleitet und eine freie sein. Sind die wesentlichen Voraussetzungen gegeben, so können im übrigen die ausbedungenen Leistungen und die Bedingungen, an welche sie geknüpft werden, beliebig gegriffen sein.

Daß das Vertragsrecht seine verpflichtende Kraft dem Zusammenhang mit der sittlichen Ordnung verdankt, ist in einem bedeutungsvollen geschichtlichen Vorgange mit sprechender Deutlichkeit hervorgetreten. Das kanonische Recht verdammte jedes Darleihen gegen Zins, insbesondere jedes verzinsliche Geldausleihen. Maßgebend hierfür war der ursprüngliche Begriff des Darlehensvertrags. Man verstand darunter die Hingabe einer verbrauchbaren Sache unter der Bedingung der Rückgabe des vollen Wertes der verbrauchten. Man dachte nur an den Fall, wo der eine notwendig bedarf, was der andere in Überfluß besitzt und leicht entbehren kann. War die Sache ihrem Werte nach zurückgegeben, so galt der Anspruch des Verleihers als erfüllt. Für den Gebrauch noch eine besondere Entschädigung zu verlangen, erschien als strafbarer Wucher. Mit der Zeit freilich konnte man sich der Einsicht nicht verschließen, daß eine Entschädigung billigerweise dann gewährt werden müsse, wenn dem Verleiher aus der Hingabe der Sache ein Schaden erwächst oder ein Gewinn entgeht, und nicht minder dann, wenn die Gefahr besteht, daß der Wert nicht zurückgegeben oder, modern ausgedrückt, daß das Kapital zu Verlust gehen werde. Und auch das mußte man anerkennen, daß, wenn ein Darlehen nicht aus Not, sondern zum Zwecke eines gewinnbringenden Unternehmens gesucht wurde, dem Geldverleiher der Anspruch zustehe, an dem angefallenen Gewinne teilzunehmen. Mit dem gesteigerten Wirtschaftsleben mußten begreiflicherweise solche Fälle zunehmen, in welchen das Darlehen nicht zu konsumtiven, sondern zu produktiven Zwecken gesucht wurde. Der Darlehensvertrag erhielt damit einen anderen Charakter, und das bürgerliche Recht gestattete demgemäß das Zinsnehmen, jedoch unter Festsetzung eines Zinsmaximums, und nur die Überschreitung des letzteren galt nunmehr als Wucher und wurde unter Strafe gestellt. Die weitergehende Entwicklung hat in den meisten Staaten auch diese Schranke in Wegfall gebracht, so daß die Höhe der Zinsen lediglich der vertragsmäßigen Übereinkunft überlassen wurde. Name und Begriff des Wuchers verschwanden aus dem Strafgesetzbuch. Es schien nicht länger Sache des Staats zu sein, die im Besitze der vollen Rechtsfähigkeit befindlichen Bürger gegen Vermögensnachteile zu schützen. Aber die Frage blieb, ob es umgekehrt Sache des Staats sein dürfe, für die Erfüllung von Verträgen einzutreten, welche offensichtlich nicht auf die Zusammenlegung der Kräfte und Ergänzung der Leistungen, sondern auf einseitige Bereicherung des einen Teils abzielen, ob auch die in Form eines Rechtsgeschäfts gekleidete Ausbeutung der Notlage, des Leichtsinns und der Unerfahrenheit eines andern sich für die Durchführung auf das Recht berufen dürfe. Hiergegen empörte sich das Rechtsbewußtsein der Völker, welche nicht begreifen konnten, daß schamlose Auswucherung den Schutz der Gerichte anrufen, und das Urteil der letzteren sich statt gegen den Ausbeuter gegen den Ausgebeuteten wenden könne. Die Bewegung war stark genug, um in Österreich und dem Deutschen Reiche eine Änderung der Gesetzgebung herbeizuführen und den schreienden Widerspruch zwischen dem, was das geltende Recht, und dem, was das Sittengesetz als zulässig erklärte, wieder zu beseitigen.

    Probleme anderer Art hat der Arbeitsvertrag der modernen Rechtsentwicklung gestellt. Seitdem es keine zünftige Organisation der gewerblichen Arbeit und keine an die Scholle gebundenen Landarbeiter mehr gibt, bildet er für das Arbeitsverhältnis die ausschließliche rechtliche Regelung. Seiner Form nach charakterisiert er sich als Tauschvertrag. Der Arbeiter verkauft seine Arbeit gegen Lohn, und die Theoretiker des ökonomischen Liberalismus erklärten ausdrücklich die Arbeit für eine Ware, deren Preis sich naturgemäß aus dem Verhältnis von Angebot und Nachfrage bestimme. Der rechtliche Anspruch, welchen der Arbeiter beim Abschluß des Vertrages erwirkt, geht hiernach einzig auf die Zahlung des ausbedungenen Lohnes. Der Gerechtigkeit ist genuggetan, sobald dieser Anspruch erfüllt wurde. Es bedürfte aller der Erfahrungen von Massenarmut und Massenelend, welche die Entwicklung des Industrialismus unter der Herrschaft des freien Arbeitsvertrags mit sich brachte, es bedürfte der Machtentfaltung des revolutionären Sozialismus, um das Einseitige und Verderbliche dieser Theorie weiten Kreisen zum Bewußtsein zu bringen.

Wenn auch der Arbeitsvertrag zu den Tauschverträgen gerechnet werden kann, so unterscheidet er sich doch von allen übrigen dadurch, daß die Leistung des einen der Vertragschließenden, die Arbeit, nicht von seiner Person getrennt werden kann. Die Arbeit ist daher auch nicht eine Ware wie andere, die aus einer Hand in die andere übergehen. Wer seine Arbeit verkauft, stellt sich selbst für längere oder kürzere Zeit in den Dienst des Käufers. Das Verhältnis, welches sich hieraus ergibt, wird in entscheidender Weise beeinflußt durch die wirtschaftliche Lage der beiden Teile und ihre daraus entspringende Machtstellung. Der Bauer und sein Knecht, Handwerksmeister und Gesellen, sind in dieser Beziehung nicht viel voneinander verschieden, und von einem drückenden Herrschaftsverhältnisse kann hier nicht gesprochen werden. Der Unternehmer ist selbst Arbeiter, daher die in seinem Dienste geleistete Arbeit keinen sozialen Abstand begründet. Und der Bauer braucht den Knecht, der Handwerksmeister den Gesellen ganz ebenso notwendig wie dieser ihn. Er ist auf seinen guten Willen angewiesen, und es fällt ihm nicht ein, ihn seine Macht fühlen zu lassen; er kann es in den meisten Fällen gar nicht. Die Machtstellung des Arbeiters wird noch gesteigert, wenn dieser durch den ganz besonderen Wert der von ihm geleisteten Arbeit in den Stand gesetzt wird, den Preis, zu welchem er sie verkaufen will, völlig nach eigenem Ermessen zu bestimmen. Ganz anders dagegen gestaltet sich das Verhältnis im Bereiche der modernen Großindustrie unter dem Einflusse des Weltverkehrs. Dem kapitalkräftigen Unternehmer steht der einzelne Lohnarbeiter machtlos gegenüber. Die rechtliche Gleichheit beim Abschlusse des Arbeitsvertrags wird wertlos gemacht durch die ungeheure wirtschaftliche Ungleichheit. Der Sachverhalt ist in den letzten Jahrzehnten unzähligemal geschildert worden und braucht hier nicht des breiten ausgeführt zu werden. Ist der Arbeitsvertrag ausschließlich der freien Übereinkunft überlassen, so hat der einzelne Arbeiter keinen Schutz gegen rücksichtslose Ausbeutung seiner Arbeitskraft und weitgehende Beeinträchtigung seiner Rechte. Er kann die angebliche Ware, die Arbeit, welche das einzige ist, was er besitzt, und wovon sein und der Seinigen Lebensunterhalt abhängt, nicht wie der Kaufmann vom Markte zurückziehen, um auf bessere Konjunkturen zu warten. Er muß sie losschlagen um jeden Preis und unter allen Umständen. Er hat für sich allein keinerlei Einfluß auf die Höhe des Lohns und die sonstigen Arbeitsbedingungen. Darum muß der Staat schützend und ergänzend eingreifen. Er muß durch sein Gesetz gewisse allgemeine Normen aufstellen, denen jedes Arbeitsverhältnis zu entsprechen hat. Das Unzulängliche des freien Arbeitsvertrags fordert gebieterisch den Erlaß einer Arbeitsschutzgesetzgebung, damit nicht Leben und Gesundheit der Erwachsenen, die physische und moralische Entwicklung der Kinder, der Segen des Familienlebens dem Industrialismus zum Opfer fallen. Sie muß die Rechte wahren, welche der einzelne, trotz seiner rechtlichen Freiheit, infolge seiner tatsächlichen Ohnmacht nicht ausreichend zu schützen vermag. Lange und hartnäckig hat der ökonomische Liberalismus sich dieser Einsicht verschlossen. Er gab vor, die Freiheit zu verteidigen, indem er jedes Eingreifen der staatlichen Autorität in das Arbeitsverhältnis fern zu halten bemüht war. Er verkannte, daß rechtliche Freiheit ein leeres Wort ist, wenn die Not zum Eingehen eines Arbeitsvertrages treibt, die Feststellung der Arbeitsbedingungen aber ausschließlich in der Hand des Arbeitgebers gelegt ist.

Hier also legt das positive Recht dem einen, und zwar dem stärkeren Teile Verpflichtungen auf, die über den Umfang der vertragsmäßig übernommenen hinausgehen. Die hierdurch gewährleisteten Ansprüche des schwächeren Teils sind jedoch keine willkürlich verliehenen, sondern, wie schon an einer anderen Stelle bemerkt wurde, im natürlichen Recht begründete.

Zum Schlusse ist noch einer ganz anderen Art von Verpflichtungen zu gedenken, welche das Zusammenleben der Menschen entstehen läßt. Sie haben ihren Ursprung nicht in einträchtigem Zusammenwirken, sondern in feindlichem Gegeneinanderstoßen. Wer den anderen schädigt, muß Ersatz leisten. Aber das positive Recht verlangt genaue Feststellung des Falles und der entscheidenden Umstände. Dem allgemeinen Rechtsbewußtsein nachgehend, unterscheidet es zwischen absichtlich hervorgerufenem, fahrlässig herbeigeführtem und zufällig entstandenem Schaden und bestimmt danach die Pflicht und das Maß des Schadenersatzes. Einem allgemeinen Zuge der Zeit folgend legt die moderne Gesetzgebung weniger Gewicht darauf, den Schuldigen haftbar zu machen, als dem Geschädigten zum Ersatze zu verhelfen.

Sechstes Kapitel:
Die rechtliche Ordnung des Staates

Wo vom Wesen des Staats gehandelt wurde, ist darauf hingewiesen worden, daß dasselbe in verschiedener Weise Gestalt gewinnen kann und im Ablaufe der Geschichte tatsächlich gewonnen hat. Ein Staat ist gegeben, wo eine gemeinsam anerkannte Obrigkeit, ein oberstes Organ des Gemeinschaftslebens, vorhanden ist. Sie ist legitimiert durch das natürliche Recht und verlangt für ihre Anordnungen Gehorsam um der sittlichen Ordnung willen. Die nähere Ausgestaltung des staatlichen Organismus aber ist ein Produkt der Geschichte, durch eine Vielheit wechselnder Faktoren bedingt und zuletzt durch positives Recht festgelegt. Den Inbegriff der dauernden Einrichtungen, in welchen und durch welche staatliches Leben sich vollzieht, und der Normen, welche den Verlauf desselben regeln, nennen wir die Verfassung des Staats. Jeder Staat hat eine Verfassung in diesem Sinne, nicht nur diejenigen, welche im Gegensatze zum absoluten Regiment eine Volksvertretung besitzen, und welche man mit einer Einschränkung der Bedeutung Verfassungsstaaten zu nennen pflegt. Den wichtigsten Bestandteil jeder Verfassung bilden die Bestimmungen und Einrichtungen, die sich auf die höchste Obrigkeit im Staate, das oberste Organ des Gemeinschaftslebens, beziehen. Die charakteristischen Verschiedenheiten, welche von daher unter den Staaten entstehen, sollen alsbald zur Sprache kommen. Zuvor sind einige Fragen allgemeiner Natur zu erörtern.

Das Aufkommen einer staatlichen Obrigkeit können wir uns, wie früher, als vom Ursprunge des Staats die Rede war, in verschiedener Weise vorstellig machen. Wir können an ein allmähliches Herauswachsen aus der Familie denken und auch an die Führerschaft im Kriege. Aber es ist einleuchtend, daß ebenso die Wahl durch das Volk oder einzelne Glieder desselben, welche sich aus irgendeinem Grunde einer besonderen Autorität erfreuten, dabei eine Rolle spielen konnte und unzweifelhaft gespielt hat. Aber es führt gänzlich vom Wege ab, wenn in unberechtigter Verallgemeinerung solcher Vorkommnisse die Erwählung durch das Volk als der eigentliche und alleinige Rechtsgrund für den Bestand und die Wirksamkeit der staatlichen Obrigkeit ausgegeben wird. Nach der Theorie von der Souveränität des Volks liegt alle Gewalt ursprünglich bei diesem, welches sie bei der Einrichtung eines Staats auf ein bestimmtes Subjekt überträgt. Aber diese Theorie ist ebenso falsch wie die andere, mit der sie enge zusammenhängt, von der Entstehung des Staats durch Vertrag. Das Volk oder diejenigen, welche als seine Vertreter angesehen werden, können einen einzelnen oder eine Mehrheit von Personen mit den Funktionen einer obersten staatlichen Obrigkeit betrauen, aber die Rechte und Pflichten, welche sich daraus ergeben, die Befugnisse der Obrigkeit, Befehle zu erlassen, und die Verpflichtung der Bürger, denselben Folge zu leisten, stammen nicht aus willkürlichem Ermessen und freier Vereinbarung, sondern aus dem Zwecke und Wesen des Staats, und sie schöpfen ihre Kraft aus der sittlichen Ordnung. Das letztere wurde von den Lehrern des christlichen Mittelalters ausdrücklich anerkannt, zugleich aber behaupteten sie, daß Übertragung der Gewalt durch das Volk ganz allgemein als der Hergang angesehen werden müsse, durch welchen der jeweilige Träger der obersten Gewalt im Staate in den Besitz derselben gelangt sei. Die weitere Frage aber, ob die solchergestalt übertragene Gewalt auch wieder zurückgenommen werden könne, wurde von ihnen nicht in übereinstimmender Weise beantwortet und insbesondere im sechzehnten und siebzehnten Jahrhundert je nach der politischen Stellung des einzelnen ebensooft bejaht als verneint. Tatsächlich ist eine solche Übertragung durch Wahl nur einer neben andern möglichen Vorgängen, durch welche bestimmte Personen auf die höchste Stelle berufen werden. In der erblichen Monarchie ist es die Geburt, die Zugehörigkeit zu einer Dynastie und die festgesetzte Erbfolge. Wird dagegen im Sinne Rousseaus und der Männer der französischen Revolution die Theorie dahin verstanden, daß das souveräne Volk der eigentliche und ursprüngliche Träger der Staatsgewalt sei, über welche es als über sein eigenstes Besitztum nach freiem Ermessen schalten könne, so ist einleuchtend, daß es die auf irgendeine Person oder eine Mehrheit von Personen übertragene jederzeit wieder zurückfordern kann. Daher von jener Seite mit allem Nachdruck ein Recht der Revolution verkündet wurde. Mit dem gleichen Nachdrucke ist dasselbe von anderer Seite bestritten und die absolute Verwerflichkeit der Revolution behauptet worden.

Aber wenn es sich dort um die logische Konsequenz aus einer irrigen Theorie handelt, so ist doch nicht ebenso das Verwerfungsurteil die notwendige Folge aus der andern, ihr gegenüberstehenden. Das Vorhandensein einer Obrigkeit erscheint hier als eine im Wesen des Staates begründete Forderung und der Staat selbst als ein in die sittliche Ordnung eingeschlossener Menschheitszweck. Die rechtliche Ordnung der einzelnen Staatengebilde ist geschichtlich bedingt und zuletzt von positiver Rechtssatzung abhängig. Aber auch sie muß der Regel nach als fest und unerschütterlich gelten. Ein Angriff darauf oder auf einen einzelnen besonders wichtigen Punkt bedeutet einen Angriff auf die Gesamtheit und eine Erschütterung des allgemeinen Rechtsbewußtseins. Aber das höchste ist doch immer der Staatszweck als solcher, dem alle staatlichen Einrichtungen und alle mit staatlichen Funktionen betrauten Personen zu dienen haben. Aber nicht immer ist dies wirklich der Fall. Die Geschichte der Staaten ist angefüllt mit Mißbräuchen und Entartungen, Spannungen unter den verschiedenen Machtelementen und gewaltsamen Entladungen. Die grundsätzliche Frage muß hiernach lauten, ob es Gliedern des Gemeinwesens erlaubt sein könne, die bestehende Staatsverfassung im ganzen oder in einem ihrer Teile gegen den Willen der übrigen, unter Umständen also mit Gewalt abzuändern. Man sieht sogleich, daß die Antwort hierauf je nach der Beschaffenheit des einzelnen Falles verschieden ausfallen muß. Gegen welchen Punkt der Angriff sich wendet, von wem er ausgeht, was für Rechte verletzt werden, Rechte von einzelnen oder Rechte der Gesamtheit, das alles ist von entscheidender Bedeutung. Und nicht minder sind es die Umstände, welche zu einer Revolution oder, wie man in der Neuzeit zu sagen vorzieht, zu einem Staatsstreiche hinführen, sind es die Mittel, die in Anwendung kommen, und ist es namentlich das Verhältnis zwischen den aufgewandten Mitteln und dem angestrebten Ziele. Wenn der Staatszweck durch die Unfähigkeit oder den bösen Willen maßgebender Persönlichkeiten heillos verzerrt oder in sein Gegenteil verkehrt wird, und nun besonnene Männer ohne selbstsüchtige Absicht eine Änderung der bestehenden Ordnung herbeizuführen trachten, wenn es ihnen nach Lage der Sache gelingt, den Plan ohne schwere Erschütterung des Gemeinwesens durchzuführen, so hat es keinen Sinn, das im Interesse des Gemeinwohls Unternommene als Freveltat brandmarken zu wollen. Aber dies sind Ausnahmen und vom Rechte der Revolution, auch nur im Sinne eines Notrechts sollte man nicht reden. Auch wo der Zweck ein guter ist, bleibt die Revolution ein gefährliches Mittel, und die Anstifter übernehmen eine schwere Verantwortung. Wer bürgt dafür, daß sie die Zügel in der Hand behalten werden? Daß nicht die Bewegung, die sie hervorriefen, weit über das gesteckte Ziel hinausgeht? Daß nicht Frevel und Gewalttat aller Art sich einstellen?

Eine verständige Staatskunst wird die Revolution nicht in den Umfang der zu wählenden Mittel einbeziehen, sondern vielmehr darauf bedacht sein, derselben vorzubeugen, somit Einrichtungen zu treffen, welche Mißstände fernzuhalten oder die dennoch eingerissenen rasch und gefahrlos zu beseitigen die Möglichkeit geben. Die Reflexion über die Beschaffenheit und den Wert solcher Einrichtungen knüpft fast immer an den Fall an, wo ein an der Spitze des Staates stehender Fürst seine Gewalt mißbraucht. Und doch bezeugt die Geschichte, daß nicht nur das Willkürregiment eines einzelnen Recht und Freiheit der Bürger mißachtet und den Staatszweck in sein

Gegenteil verkehrt hat. Nicht um den Gegensatz von autokratischem Königtum und republikanischer Verfassung handelt es sich, sondern um die Anerkennung eines der Willkür der jeweils in einem Staate herrschenden Obrigkeit entzogenen Rechts. Die grundsätzliche Leugnung oder fortgesetzte tatsächliche Mißachtung dieses Rechts macht das Wesen des Absolutismus aus. Derselbe kann ebensogut in einer erblichen Monarchie, wie in einer auf der Grundlage der Volkssouveränität aufgebauten Republik Wirklichkeit gewinnen. Er erreicht seinen höchsten Grad, wo es für den Träger der Staatsgewalt in der Handhabung seiner Machtbefugnisse nicht einmal moralische Schranken gibt, er vielmehr so völlig als der unbedingte Herr über alle anderen, ihre Person wie ihren Besitz gilt, daß ihm aus der rücksichtslosen Ausbeutung seiner bevorrechteten Stellung kein Vorwurf gemacht werden darf. Man wird hier an die Despoten des Orients denken, sich aber zugleich erinnern müssen, daß nach Th. Hobbes die absolute Gewalt im Staate es ist, welche bestimmt, was sittlich und was unsittlich ist, und es den Untertanen nicht zusteht, ihren Befehlen gegenüber sich auf das Gewissen zu berufen. Im Gegensatze zu dem befreienden Worte des Christentums, daß man Gott mehr gehorchen müsse als den Menschen, ist hier in nicht mehr zu überbietender Weise der Absolutismus des unpersönlichen Staats proklamiert. Vor solchem Übermaße schreckten doch die Parteigänger der englischen Könige aus dem Hause Stuart zurück. Wie hoch sie auch die königliche Gewalt zu steigern bemüht sind, so wagen sie doch nicht, dieselbe vom göttlichen Gesetze loszulösen.

Der erste Schritt in der Überwindung des Absolutismus ist die Anerkennung des Privatrechts als einer festen und die einzelnen schützenden Norm. Aristoteles sieht hierin eines der Mittel, die Tyrannis zu einer erträglichen Verfassung zu machen. Daß der in seinem Kern durchaus absolutistische römische Staatsgedanke tatsächlich hier eine Schranke fand, wurde früher erwähnt. Ein zweiter, epochemachender Schritt besteht darin, daß auch die Ordnung des staatlichen Lebens als eine unverbrüchliche gilt, woran die sämtlichen Glieder des Gemeinwesens und mit ihnen das Haupt gebunden sind, und daß zugleich durch die Verfassung des Staats

Vorsorge getroffen ist, daß sie eingehalten wird. Dazu gehört freilich nicht das, wovon seinerzeit Montesquieu die Beseitigung aller Mißstände erhoffte, welche das absolutistische Frankreich bedrückten: die Teilung der Gewalten. Denn was hier als Heilmittel vorgeschlagen wird, würde bei ernsthafter Durchführung die Einheit des Staatslebens auseinanderreißen. Dagegen pflegt in den modernen Kulturstaaten die Betätigung der staatlichen Autorität an ein geordnetes Zusammenwirken unterschiedener Faktoren gebunden zu sein, wie dies sogleich bei der Besprechung der konstitutionellen Monarchie deutlich werden wird.

Von alters her hat man drei Staatsformen unterschieden, Monarchie, Aristokratie und Demokratie, je nachdem die oberste Macht in der Hand eines einzelnen, in der Hand einer bevorzugten Minderheit oder in der des ganzen Volkes liegt. Mit diesem der Quantität entnommenen Merkmale ist indessen nur angegeben, was sich an die Oberfläche drängt, in der Tat handelt es sich um tiefer liegende Unterschiede. Was früher über den Ursprung des Staats gesagt wurde, läßt die Monarchie als die älteste unter den dreien ansehen. In den Staaten des griechischen Altertums verschwand das Königtum frühzeitig und machte einem republikanischen Gemeinwesen Platz, in welchem die vornehmen Geschlechter die Herrschaft führten. Die weitere Entwicklung, welche durch mannigfache Parteikämpfe, wohl auch durch eine vorübergehende Wiederkehr der Einherrschaft in Gestalt der Tyrannis bezeichnet war, führte sodann zur Demokratie. Hier interessiert indessen nicht so sehr die geschichtliche Aufeinanderfolge der drei Staatsformen, als der Umstand, daß von ihnen die Aristokratie weit mehr als die beiden anderen an bestimmte Voraussetzungen geknüpft ist, welche sich nicht willkürlich herbeiführen lassen, sondern selbst das Ergebnis einer geschichtlichen Entwicklung sind. Eine Minderheit regiert hier, nicht weil ihr von der Gesamtheit die Herrschaft übertragen worden wäre, sondern auf Grund eigenen Rechts. Die einzelnen Mitglieder sind zu derselben berufen wegen ihrer Zugehörigkeit zu einem über die Masse des Volks hinausgehobenen Stand. Möglich ist eine aristokratische Staatsform somit nur da, wo ein solcher Stand gegeben ist, wo eine unter sich enge verbundene Minderheit die übrigen durch Reichtum, Macht und Einfluß überragt. Daß den solchergestalt höher Stehenden auch die Fürsorge für das Gemeinwesen zusteht, erscheint dann als naturgemäß. Das tatsächlich Bestehende wird durch Gewöhnung und lange Dauer geheiligt und durch den innerhalb der herrschenden Minderheit gepflegten, von Generation auf Generation vererbten staatsmännischen Sinn gerechtfertigt. Das glänzende Beispiel eines aristokratischen Staatswesens bietet die Republik Venedig. Über die Berechtigung der aristokratischen Staatsform mit Vernunftgründen zu streiten hat keinen Sinn. In die Theorie vom Ursprunge des Staats aus Vertrag läßt sie sich nicht einordnen. Sie kann nur geschichtlich gewürdigt werden. Daß in den Kulturländern der Neuzeit Verhältnisse wiederkehren werden, welche ihr Aufkommen befördern, ist wenig wahrscheinlich. Weder die Unruhe und Vielgestaltigkeit des modernen Wirtschaftslebens noch die moderne Tendenz zur Großstaatbildung sind ihm günstig, ganz abgesehen von der weitverbreiteten und tiefeingewurzelten Abneigung gegen alles, was der staatsbürgerlichen Gleichheit Abbruch tut und an die gesellschaftliche Gliederung älterer Zeiten erinnert.

Anders steht es mit Monarchie und Demokratie. Sie sind in den verschiedenen Perioden der Geschichte und bei den verschiedenen Völkern in verschiedener Weise aufgetreten, und sie können, weil viel weniger von besonderen tatsächlichen Verhältnissen abhängig, die Veränderungen der sozialen Struktur wie den Wechsel der staatsrechtlichen Theorien überdauern. Untereinander stehen die beiden in einem prinzipiellen Gegensatz. Zwar ist ganz falsch, was behauptet wurde, das auszeichnende Merkmal der Demokratie sei die Loslösung von jeder religiösen Weltansicht und die Leugnung jeder höheren, den Willen der einzelnen bindenden Macht. Würde irgendwo mit dieser Leugnung voller Ernst gemacht, so wäre die Folge nicht ein demokratischer Staat, sondern die Anarchie. Kein Staat ist möglich ohne die Unterscheidung von Befehlenden und Gehorchenden und ohne die pflichtmäßige Unterwerfung der Bürger unter die Anordnungen der Obrigkeit. Die höhere Macht ist die über den einzelnen stehende sittliche Ordnung. Von da stammt das Gebot der

Unterordnung und Selbstbeschränkung, ohne welche kein Gemeinschaftsleben möglich ist. Die Bürger sollen den Staatszweck verwirklichen. Im übrigen aber gilt in der Demokratie das Volk als oberster Träger der Gewalt, alle Beamten bis hinauf zum Präsidenten, wo ein solcher besteht, sind seine Beamten, von ihm mit bestimmten Funktionen des staatlichen Lebens betraut. Daß es diese Gewalt selbst und unmittelbar durch Regierungshandlungen betätige, ist nur in kleinen Gemeinwesen möglich, wie in den Stadtstaaten des griechischen Altertums und noch heute in einigen kleinen Kantonen der Schweiz, wo die versammelte Landesgemeinde durch Handaufhebung entscheidende Beschlüsse faßt. Wie zur Bestätigung des zuvor Eingeschärften enthält dabei die Verfassung von Glarus die Bestimmung, daß die Landesgemeinde ihre Macht nicht als Willkürgewalt auffassen, sondern sich von den Grundsätzen der Gerechtigkeit und der gemeinen Wohlfahrt leiten lassen solle. Die für die Neuzeit charakteristische und für große Staatengebilde allein mögliche Form ist aber die repräsentative Demokratie, wo das Volk die Gewalt durch von ihm gewählte Vertreter ausübt, in Nordamerika, wo die moderne Demokratie zuerst ihre Ausbildung fand, durch den Kongreß, in der Schweiz durch die Bundesversammlung, in dem republikanischen Frankreich durch die Nationalversammlung.

Umgekehrt ist in der Monarchie ein einzelner aus eigenem Recht oberster Träger der Staatsgewalt. Der widerspruchsvolle Versuch, die Monarchie mit dem Prinzip der Volkssouveränität zu versöhnen, führt nicht über eine leere Fiktion, eine äußerliche Verbrämung hinaus. Die Unverantwortlichkeit, welche dem Monarchen zukommt und zukommen muß, zeigt deutlich, daß er seine Gewalt nicht als eine ihm von anderen übertragene besitzt. Die konsequenteste Ausgestaltung ist in der erblichen Monarchie gegeben, wo „der König nicht stirbt". Ältere Zeiten umgaben diese Staatsform mit einer besonderen religiösen Weihe und brachten sie mit höheren, überirdischen Mächten in Verbindung. Die Vertreter des absoluten Königtums im sechzehnten und siebzehnten Jahrhundert sahen in ihm das zeitlich-menschliche Abbild des göttlichen Regiments, von Gott selbst den Menschen eingepflanzt, damit sie sich der königlichen Majestät gleich einer irdischen Gottheit oder zum mindesten als dem Abglanze der göttlichen Allmacht in neidlosem Gehorsam unterwerfen. Die Gegenwart denkt nüchterner. Das Königtum ist uns eine im öffentlichen Interesse ausgeübte Funktion, der König das Haupt des staatlichen Organismus und darum nicht über, sondern in demselben stehend, wenn auch als das oberste Organ, von welchem das Leben des Ganzen ausgeht. Mit der Überspannung der königlichen Würde ist auch die leidenschaftliche Bekämpfung der monarchischen Staatsform hinweggefallen. Daß sie nicht die einzig mögliche ist, hat das Bestehen großer republikanischer Staatengebilde längst erwiesen, hervorragende Kulturvölker sind ihr trotzdem treu geblieben. Die Vorteile und Nachteile der einen und andern Verfassungsart lassen sich ohne parteiische Voreingenommenheit gegeneinander abwägen.

Die demokratische Verfassung erscheint beim ersten Blick als die rationellste und am meisten einem gebildeten Volke angemessene, während der Monarchie unter der Nachwirkung alter Erinnerungen leicht etwas Mystisches anhaftet. Sie hebt das Selbstgefühl der Bürger und steigert ihre Selbsttätigkeit, wie dies Nordamerika und die Schweiz deutlich erkennen lassen. Dort herrscht keine ängstliche Bevormundung, gibt es keine der misera plebs gegenüberstehende allmächtige Bürokratie. Der Staat ist die Sache aller. Eine Kehrseite pflegt die geringe Autorität der Beamten zu sein. Sie sind die Diener des souveränen Volks und von seiner Gunst abhängig. Bedenklicher noch ist ein anderes. In der Demokratie ist eine sichtbar in die Erscheinung tretende höhere Macht nicht vorhanden, welcher das Volk Rechenschaft zu geben hätte. Seine Mehrheitsbeschlüsse schaffen das Recht, bestimmen die Richtung der Politik, entscheiden über das Wohl und Wehe aller. Um so fester muß es sich selbst an die Gerechtigkeit binden und die gemeine Wohlfahrt hochhalten, dies aber setzt einen hohen Grad von moralischer Tüchtigkeit voraus. In markanten Zügen hat Aristoteles die stufenweise Entartung der Demokratie geschildert, bis zuletzt das Volk zum vielköpfigen Despoten wird, von ehrgeizigen Demagogen umschmeichelt und geleitet wie der Tyrann von seinen Höflingen, und alle verfassungsmäßige

Ordnung in seiner Allmacht sich auflöst. Wenn in der vorbildlichen Demokratie der Neuzeit, den Vereinigten Staaten von Nordamerika und der Schweizer Eidgenossenschaft, diese Gefahr nicht ebenso wie im griechischen Altertum hervorgetreten ist, so mag dazu unter anderem auch der Umstand beigetragen haben, daß beide Länder keine zentralisierten Einheitsstaaten, sondern Bundesstaaten sind mit dem unausbleiblichen Antagonismus unitarischer und partikularistischer Bestrebungen. Auch rühmt man in Nordamerika die wohlerwogenen Verfassungsbestimmungen, durch welche die Zuständigkeit der öffentlichen Gewalten genau begrenzt, die Form ihrer Betätigung festgesetzt und möglichen Erschütterungen durch umfassende Vorsichtsmaßregeln vorgebeugt ist. Die dritte französische Republik hat dagegen bisher nicht die Zuversicht erwecken können, daß sie diese Gefahr siegreich bestehen werde. Am wenigsten darf man annehmen, eine demokratische Verfassung sei ihrer Natur nach der sicherste Hort der individuellen Freiheit. Nicht diese, sondern die Gleichheit ist, worüber ein demokratisches Volk mit größter Eifersucht wacht. Keiner soll etwas besonderes für sich in Anspruch nehmen, keiner anders denken und fühlen wie die andern, jeder sich dem fügen, was das Volk, das heißt die Mehrheit seiner Vertreter beschlossen hat. Dazu kommt der gewaltige Einfluß, den in einem solchen Staatswesen die öffentliche Meinung auszuüben pflegt, unterstützt von einer allgemeinen Rede- und Pressefreiheit. Alles wird diskutiert, nirgendwo der Kritik Halt geboten. Was gestern festzustehen schien, stürzt die bewegliche Volksstimmung schon heute wieder um. Daher der Mangel an Stetigkeit in der Politik eines demokratischen Gemeinwesens, zumal wenn wie in Nordamerika die Volksleidenschaft periodisch durch die Präsidentenwahl entfesselt wird. Das schlimmste endlich ist der Einfluß des Geldes. Nach dieser Seite hin zeigt auch das heutige Amerika schwarze Schatten.

Gerade hier liegt der Vorzug der Monarchie. Der König bezeichnet den festen Punkt, welcher von keiner Kritik, keiner ehrgeizigen Gunstbewerbung, keinem Umschlagen der öffentlichen Meinung erschüttert werden kann. König kann nur werden und muß sein, wen die staatsrechtlich festgelegte Erbfolge dazu bestimmt.

Wie über das Parteigetriebe, so ist er gleichermaßen über den Widerstreit der Klassengegensätze hinausgehoben und so befähigt, unparteiisch das Wohl aller zu fördern. Zu diesen Vorzügen, welche vernünftige Erwägung herausstellt, kommen in einer erblichen Monarchie andere bedeutsame Momente hinzu. Hier sind die Bürger durch geschichtliche Erinnerungen und vielfache persönliche Beziehungen enge mit der Dynastie verwachsen, der jeweilige Träger der Krone gewinnt daraus eine Verstärkung seines Ansehens und die monarchische Institution einen eigenartigen Wert für Phantasie und Gemüt, wie ihn eine demokratische Verfassung niemals aufweisen wird. Allerdings aber vertragen die modernen Kulturvölker kein absolutes Königtum. Die Monarchie ist heute nur mehr als konstitutionelle Monarchie möglich, aber nicht so, daß dem König in der Volksvertretung ein zweiter Träger der höchsten Gewalt oder gar eine feindliche Macht gegenübersteht, sondern so, daß er in seiner Vetätigung ganz oder zum Teile an die Mitwirkung derselben als eines integrierenden Bestandteils des entwickelten Staatsorganismus gebunden ist. Auf Einzelheiten kann wiederum nicht eingegangen werden, insbesondere muß der Unterschied zwischen dem konstitutionellen System, wie es unter strengerer Festhaltung des monarchischen Gedankens in Deutschland, und dem parlamentarischen, welches in andern Ländern zu Recht besteht, auf sich beruhen bleiben.

Dagegen ist noch ein Wort über die Volksvertretung zu sagen. Ihre Aufgabe ist, die Bürger vor Mißregierung zu schützen und die rechtliche Freiheit aller zu wahren. Sie soll das Volk in seiner Gesamtheit vertreten, nicht die einzelnen Kreise, welche sich innerhalb derselben unterscheiden lassen, je für sich, aber auch nicht die bloße Summe von Einzelmenschen, sondern das Volk in seiner realen Gliederung. Verschiedene Wege sind eingeschlagen worden, um die Vertretungskörper dementsprechend einzurichten und zusammenzusetzen, ein völlig befriedigender hat sich indessen bis jetzt nicht gefunden. Legt man das Hauptgewicht auf den Schutz der allgemeinen Rechte, so ist es konsequent, die Volksvertretung aus allgemeinen und gleichen Wahlen hervorgehen zu lassen und für die

Ausübung des Wahlrechts keine anderen Voraussetzungen aufzustellen als die für die Vornahme jedes Rechtsgeschäfts gültigen. Geht man dagegen davon aus, daß durch eine Volksvertretung die Regierung in der zweckmäßigen Wahrnehmung ihrer Geschäfte unterstützt werden soll, so wären nur Einsichtige zum Wählen und Gewähltwerden zuzulassen. Die richtige Erwägung sodann, daß jeder einzelne die Interessen und Bedürfnisse des engeren Kreises, dem er angehört, am besten kennen müsse, und diese engeren Kreise, innerhalb deren das Leben des Volks tatsächlich verläuft, eine Vertretung ihrer Angelegenheiten, wenn auch innerhalb der Gesamtvertretung, beanspruchen können, führt zur Forderung ständischer Wahlen. Der Einführung stehen indessen nicht nur theoretische Bedenken entgegen, sofern sie dem Gedanken der staatsbürgerlichen Gleichheit zuwidersprechen und den einheitlichen Staat in eine Vielheit einander bekämpfender Interessengruppen aufzulösen scheinen, sondern sie ist auch praktisch solange unmöglich, als nicht eine den Verhältnissen der Gegenwart entsprechende ständische Gliederung des Volksganzen vorhanden ist.

Die von dem obersten Träger der Staatsgewalt nach Maßgabe der verfassungsmäßigen Normen und Einrichtungen und mit Hilfe der dazu eingesetzten Organe tatsächlich ausgeübte Herrschaft nennt man die Staatsverwaltung. In ihr bekundet sich das staatliche Leben als solches, das mit dem Leben der Bürger im Staate nicht zusammenfällt. Staatliches Leben ist Gemeinschaftsleben, seine Aufgaben beziehen sich auf den Bestand, die Ordnung und die Wohlfahrt der Gesamtheit, sie sind um so umfassender und um so verwickelter, je größer der Umfang der Staaten und je höher die erreichte Stufe der Kultur ist. Nach dem, was früher über das Wesen des Staats festgestellt wurde, stellen sich als die hauptsächlichen und vornehmsten die Rechtspflege und die Wohlfahrtspflege heraus, während sich die Verwaltung des Kriegswesens auf den äußeren Bestand und die Finanzverwaltung auf die Beschaffung der für das gesamte staatliche Leben erforderlichen Mittel bezieht.

Von der Stellung des Staates zum Recht ist im vierten und fünften Kapitel gehandelt worden. Durch seine Gesetzgebung hat er die

Norm für das Leben der Menschen in der Gemeinschaft festzulegen, durch richterliche Tätigkeit die zwischen den Staatsbürgern entstandenen Streitigkeiten zu schlichten, oder aber er muß gegen Rechtsverletzungen einschreiten. Das letztere führt auf einen bisher unberücksichtigt gebliebenen Punkt, der in einer grundsätzlichen Erörterung um so weniger übergangen werden darf, je enger er mit den letzten Voraussetzungen derselben zusammenhängt. Aufgabe der sogenannten bürgerlichen Rechtspflege ist, eine vom Rechte geforderte Handlung herbeizuführen oder eine zu Unrecht vollzogene in ihren Folgen wieder aufzuheben, beides nötigenfalls unter Anwendung von Zwangsmitteln. Im Unterschiede hiervon wendet sich der Staat in der Strafrechtspflege nicht gegen die schuldbare Handlung, sondern gegen die Person des Schuldigen. Die leitende Absicht ist nicht, den entstandenen Schaden wieder gut zu machen, sondern dem Übeltäter ein Übel zuzufügen, Vermögensverlust, Freiheitsentziehung, im äußersten Falle selbst den Verlust des Lebens. Im Namen des Rechts entzieht der Staat einem einzelnen eines der Güter oder auch mehrere zugleich, deren Schutz als seine wichtigste Aufgabe erkannt wurde. Wie kommt er dazu?

Die Frage ist von alters her diskutiert worden. Der römische Philosoph Seneca brachte die beiden Richtungen, in denen die Antwort gesucht werden kann, auf eine kurze Formel. Gestraft wird entweder, weil gefehlt wurde, oder damit in Zukunft nicht gefehlt werde. Dort ist die Strafe Selbstzweck, hier Mittel zum Zweck. Demgemäß pflegt man wohl zwischen absoluten und relativen Strafrechtstheorien zu unterscheiden. Die verschiedenen Formen, in denen die letzteren in der Vergangenheit aufgetreten sind, interessieren hier nicht weiter. Sie gelten als antiquiert seit dem Auftreten der modernen kriminalsoziologischen Schule. Würde die Lehre der letzteren zu allgemeiner Anerkennung gelangen, so würde dies in der Tat einen radikalen Wandel der Anschauungen bedeuten. Denn sie schaltet den Begriff der Schuld aus. Unter ausdrücklicher Leugnung der Willensfreiheit führt sie das Verbrechen einerseits auf die physisch-psychische Eigenart des Täters zurück, andrerseits auf die denselben umgebenden gesellschaftlichen Verhältnisse. Aufgabe der Wissenschaft ist, den

Ursachen nachzuforschen, welche den Verbrecher entstehen lassen. Die sozial gerichtete Kriminalpolitik soll diese Ursachen nach Möglichkeit zu beseitigen suchen. Die Strafe aber kann nichts anderes sein als eine Schutzmaßregel. Sie soll die Gesellschaft gegen die Angriffe des Verbrechers schützen, sei es, daß sie ihm die Möglichkeit entzieht, seine Verbrechernatur in neuen Taten zu äußern, sei es, daß sie ihn bessert. Nicht die Straftat hat der Richter zu beurteilen, sondern die Persönlichkeit des Täters. Er muß entscheiden, ob dieser besserungsfähig ist oder nicht, ob die Tat also nur aus augenblicklicher leidenschaftlicher Erregung oder unter dem Drucke der Not entstanden ist und somit, der Eigenart des Täters fremd, eine sofort bitter bereute Episode seines Lebens bildet, oder ob sie die Folge seiner tiefeingewurzelten Anlage ist und sein eigenstes Wesen enthüllt.

Ich will nicht auf die unlösbare, weil allen menschlichen Scharfsinn übersteigende Aufgabe hinweisen, welche hier dem Richter gestellt wird, und nicht auf die ungeheuren Schwierigkeiten der Durchführung wegen der großen Zahl unverbesserlicher Verbrecher, die sich nach den Voraussetzungen der Lehre ergeben muß, wohl aber auf die Umkehrung aller sittlichen Begriffe, welche die Folge sein wird. Jeder Unterschied zwischen schwerer und leichter Straftat verschwindet. Das entsetzlichste Verbrechen muß ungesühnt bleiben, wenn es dem eigentlichen Wesen des Täters fremd, ein bloßes Gelegenheitsverbrechen war. Er darf nicht gestraft werden, denn er bedarf keiner Besserung und die Gesellschaft hat von ihm keine neue Gefährdung zu befürchten. Aber der unverbesserliche Landstreicher muß zeitlebens in Gewahrsam genommen werden. Und was bedeutet in diesem Gedankenzusammenhange Besserung, wenn der Verbrecher das notwendige Produkt gegebener Ursachen ist? Zwar das soziale Milieu läßt sich verändern, wie aber will man in die Eigenart des Verbrechers eingreifen? Wie will man es anfangen, die in ihm angelegten bösen Triebe und Leidenschaften auszurotten und durch gute, menschenfreundliche zu ersetzen? Wenn es keinen freien Willen gibt, so ist der Verbrecher nicht anders anzusehen als ein Tier, das man zu zähmen und zu dressieren versucht. Aber nicht bei allen gelingt es, manche widersetzen sich ihm ganz und gar. Wenn es keinen freien Willen gibt und kein moralisches Sollen und daher auch keine sittliche Selbsttätigkeit, so kann Besserung nur in einer von außen herbeigeführten Veränderung der physisch-psychischen Konstitution bestehen. Man wird also Methoden ersinnen müssen, eine solche zu bewirken, und inzwischen den Besserungsfähigen allen möglichen Versuchen unterwerfen, so daß ihm das Schicksal der Unverbesserlichen beneidenswert vorkommen muß. Aber man täusche sich nicht! Die neue Schule rühmt sich ihrer geläuterten Humanität. Sie will den Verbrecher dem Geisteskranken gleichgeachtet wissen; sein sozialer Unwert soll nicht sittliche Entrüstung hervorrufen, sondern Mitleid wie der Aussatz. Käme sie zur Herrschaft, so würde der Umschlag nicht ausbleiben. Tiere von unbezähmbarer Wildheit unterhält man nicht zeitlebens mit Kosten und Mühen und begnügt sich, sie hinter Schloß und Riegel sicher zu verwahren. Man schlägt sie tot, zumal dann, wenn ihre große und immer weiter anwachsende Zahl anfängt, lästig zu werden oder Schrecken zu erregen.

Aber die Lehre der neuen Schule ist falsch, und ihr Fundamentalsatz, die Leugnung der Willensfreiheit, selbst ohne Begründung und durchaus haltlos. Darüber ist im ersten Kapitel das Nötige gesagt worden und eine Wiederholung überflüssig. Die Strafe ist nicht bloß Schutzstrafe, wodurch ihr das wesentlichste Merkmal genommen wurde, sondern Vergeltungsstrafe. Wer Übles tut, soll büßen, das ist die Überzeugung der Menschen seit Jahrtausenden. Kein Wunder! Ist es doch der Ausdruck und die Anerkennung des ewigen Weltgesetzes. Lohn und Strafe sind nicht äußerlich dem Sittengesetze angehängt, sondern ursprünglich in die sittliche Ordnung eingeschlossen. Weil moralische Würdigkeit und Glückseligkeit in einem innerlichen und notwendigen Verhältnisse zueinander stehen, so ist Leiden die notwendige Folge der Schuld. Die Strafe bedeutet und verkündet den Sieg des ewigen Gesetzes über den dagegen sich auflehnenden Einzelwillen. Sofern der Staat seine höchste Bestimmung darin hat, zur Aufrechterhaltung der sittlichen Ordnung beizutragen, muß auch der staatlichen Autorität die Befugnis zustehen, die ihrem Schutze anvertraute sittliche Ordnung dem frevelhaften Einzelwillen gegenüber zum Siege zu bringen.

Somit gilt, daß gestraft wird, weil gefehlt wurde. Die Strafe hat ihren Zweck in sich selbst, nicht in den Folgen, welche durch sie bewirkt werden oder bewirkt werden können. Das schließt nicht aus, daß für die Ökonomie des staatlichen Lebens die angedrohte wie die vollzogene Strafe von großer Bedeutung sind. Die Strafe soll von Rechtsverletzung abschrecken und dadurch den Bestand der staatlichen Ordnung sichern, sie soll ferner nach Möglichkeit den Bestraften bessern. Aber wie wichtig diese Momente auch für die Bestimmung des Strafmaßes und die Einrichtung des Strafvollzuges sind, so können sie doch für sich allein nicht das eigentliche Wesen der Strafe offenbaren und dem Bestrafungsrecht des Staates die Begründung geben. Deutlich tritt in demselben die hohe Würde der staatlichen Autorität hervor: sie soll die Vollstreckerin der göttlichen Gerechtigkeit auf Erden sein.

Siebentes Kapitel: Staat und Gesellschaft

Eine badische Hofkammerordnung vom Jahre 1766, welche Schmoller gelegentlich ans Licht gezogen hat, illustriert vortrefflich den alten Polizeistaat. Es heißt dort: „Unsere fürstliche Hofkammer ist die natürliche Vormünderin unserer Untertanen. Ihr liegt es ob, dieselben vom Irrtum ab und auf die rechte Bahn zu weisen, sie sofort auch gegen ihren Willen zu belehren, wie sie ihren eigenen Haushalt einrichten sollen." Man wird anerkennen müssen, daß hier mit der staatlichen Wohlfahrtspflege Ernst gemacht wird. Im Besitze überlegener Weisheit belehrt die Regierung ihre Untertanen nicht etwa nur über ihre staatsbürgerlichen Pflichten, sondern über Dinge, die sie zunächst und ganz persönlich angehen, über die Einrichtung ihres eigenen Haushalts. Aber man begreift auch, daß ein solches Extrem der Bevormundung jenes andere Extrem hervorrufen mußte, welches in der Jugendschrift Wilhelms von Humboldt seinen leidenschaftlichen Ausdruck fand. Die Vertreter des reinen Rechtsstaats waren der Meinung, daß der Staat sich gar nicht um die Wohlfahrt der Bürger kümmern, sondern dies ihnen allein überlassen solle. Theoretische

Erwägungen von der einen und sehr reale Interessen der in der Entwicklung begriffenen modernen Industrie von der anderen Seite wirkten zusammen, um das System des *laissez aller, laissez faire* als der Weisheit höchsten Schluß erscheinen zu lassen. Im Zusammenhange mit diesen Gedanken kam das Wort Gesellschaft in einer neuen Ausprägung in Aufnahme. Mit Recht wurde darauf hingewiesen, daß, wie hoch auch die Vereinigung der Menschen im Staate zu werten ist, sie doch keineswegs die einzige und auch in der Regel nicht diejenige ist, welche das Interesse am stärksten in Anspruch nimmt. Nur für eine Minderzahl, für die Beamten, steht das tägliche Leben in unmittelbarer Verbindung mit dem Staate und seinen Aufgaben. Die andern sind Landwirte oder Handwerker, Kaufleute und Industrielle, Unternehmer oder Arbeiter der verschiedensten Art, und daneben Künstler, Gelehrte, Schriftsteller, und was es sonst noch an berufsmäßigen Tätigkeiten und darauf begründeten Lebensgestaltungen geben mag. Die Übereinstimmung in den Beschäftigungen, den Interessen, den Lebensgewohnheiten führt die einzelnen in Gruppen und Kreise zusammen, welche im Ablauf der Geschichte durch Überlieferung und Sitte sich zu geschlossenen Korporationen verfestigen können. In jedem höher entwickelten Staatengebilde scheidet sich deutlich diese Vielheit der Lebenskreise von der die sämtlichen Bürger umfassenden Staatseinheit. Ihre Zwecke fallen mit dem der staatlichen Gemeinschaft nicht zusammen und sie können daher auch tiefgreifende Umwälzungen der staatlichen Ordnung überdauern. Zuerst wird es immer die Differenzierung des Wirtschaftslebens sein, welche eine solche Gliederung entstehen läßt. Der reine Ackerbaustaat kennt sie noch nicht. Aber auch ideale Interessen und Aufgaben können kleinere und größere Kreise zu loserem oder festerem Zusammenhange verbinden. Je stärker und umfassender das gemeinsame Interesse ist, je gleichartiger sich die Lebensweise der dadurch zusammengebrachten Genossen gestaltet, desto fester wird ihre Vereinigung werden, auch wenn sie sich nicht wie die mittelalterlichen Stände als besondere öffentlich-rechtliche Körperschaften gegeneinander abschließen. Der Inbegriff der sämtlichen Lebenskreise im Staate, über dessen Grenzen sie möglicherwiese hinausragen, ist es, den man unter dem Namen der Gesellschaft zusammenfaßte.

Der ökonomische Liberalismus gewann damit eine neue politische Formel. Sie lautete: Trennung der Gesellschaft vom Staate. Die Gesellschaft sollte auf sich selbst gestellt werden, was aber nichts anderes besagte, als daß der eigentliche Inhalt des Volkslebens, insbesondere die wirtschaftliche Betätigung, der freien Initiative denjenigen zu überlassen sei, welche sich in diesen Kreisen zusammenfinden oder durch Beschäftigung und Lebensweise denselben angehören. Gerade umgekehrt geht das Streben des Sozialismus auf die Verstaatlichung der Gesellschaft. Das bedeutet weit mehr als Rückkehr zum alten Polizeistaat. Denn bei aller Bevormundung und Vielregiererei in demselben war die Meinung doch die, daß durch die staatliche Ordnung den Bürgern die Möglichkeit gegeben werden solle, nach eigenem Ermessen ihre Lebenszwecke zu fördern. Der revolutionäre Sozialismus aber will an die Stelle freier Lebensgestaltung die staatliche Organisation treten lassen. Er opfert die Freiheit, um die Gleichheit aller durchzusetzen, oder vielmehr, um den Interessen der großen besitzlosen Masse zum Siege zu verhelfen. Das Mittel hierzu ist die Beseitigung der heutigen Eigentumsordnung. Das Privateigentum an Produktionsmitteln, Grund und Boden, Fabrikgebäuden, Maschinen, Rohstoffen aller Art muß ganz und gar in Wegfall kommen, denn hierauf gründet sich die Herrschaft der Besitzenden und die Abhängigkeit der Besitzlosen. Dadurch wird die Produktion dem privaten Unternehmen entzogen und zur Sache aller gemacht. An die Stelle der heutigen anarchischen Produktionsweise mit ihrer sinnlosen Konkurrenz einerseits und ihrer Verschwendung andererseits, mit ihren wechselnden Konjunkturen und verderblichen Krisen tritt die autoritativ geleitete Produktion, welche dem Bedarfe angepaßt ist, welche nicht einzelnen Begünstigten ungeheure Reichtümer zuwirft und andere mit kärglichem Lohn abfindet, sondern alle in gleicher Weise die Früchte ihres Fleißes genießen läßt. Alle müssen arbeiten, Müßiggänger, die sich vom Ertrage fremder Arbeit mästen, gibt es nicht mehr, allen aber ist auch der Genuß der Güter gewährleistet, welche ihre Arbeit hervorbringt.

So wird die Einführung des sozialistischen Staates die größte Umwälzung sein, welche die Weltgeschichte hervorgebracht hat. Und auch der Inhalt dieser letzteren wird fortan ein ganz anderer werden. Hofintrigen, Kriege, Haupt- und Staatsaktionen wie in den vergangenen Jahrhunderten wird es nicht mehr geben. Sie alle haben stets nur den egoistischen Sonderinteressen einer verschwindenden Minderheit gedient, in Zukunft aber wird das arbeitende Volk, das nun selbst der Herr seines Geschicks geworden ist, ein Reich allgemeinen Friedens und gesteigerter Kultur begründen und aufrechterhalten.

In dem hier vorgezeichneten Rahmen kann unmöglich tiefer auf das sozialistische Programm eingegangen werden, weder auf seine geschichtsphilosophische Begründung und nationalökonomische Verbrämung, noch auf die darin eingeschlossenen utopistischen Träume. Wenn wirklich, wie die orthodoxen Vertreter behaupten, eine unaufhaltsame Entwicklung zu seiner Verwirklichung hinführt, so ist ohnedies jede theoretische Diskussion überflüssig. Man wird mit Resignation abwarten müssen, was jene Entwicklung bringt. Von einer solchen Resignation ist indessen gerade bei den sozialdemokratischen Parteimännern nichts zu verspüren. Voll leidenschaftlichen Eifers sind sie bestrebt, ihre Ideen zu verbreiten, die Massen zu organisieren und sie zum Kampfe gegen die heutige bürgerliche Gesellschaft aufzurufen. Sie dürfen es daher auch der letzteren nicht verargen, wenn sie sich zur Wehr setzt. Und wie schon an anderer Stelle ausgesprochen wurde: wenn es keine sittliche Ordnung und kein Sittengesetz, keine ewige Gerechtigkeit und keine sittliche Verantwortlichkeit gibt, dann entscheidet sich der Kampf der Zukunft lediglich in der Richtung der größeren Macht. Nur wäre es Täuschung zu glauben, daß dieselbe allein schon mit der größeren Menge gegeben ist. Auf dem Standpunkte der hier festgehaltenen Weltanschauung aber gilt es, zu erörtern, was von jener gewaltigen Umwälzung zu hoffen ist, und ob der sozialistische Staat eine höhere Form des menschlichen Gemeinschaftslebens, eine vollkommene Verwirklichung der Gerechtigkeit darstellt.

Das sozialistische Programm verheißt vor allem die Beseitigung der heutigen Ungleichheit in den Besitzverhältnissen und der damit verbundenen doppelten Benachteiligung derer, die wenig oder nichts besitzen. Denn der Arme kann sich nicht nur weniger Genüsse verschaffen als der Reiche, er befindet sich zugleich, will er sich seinen Lebensunterhalt erwerben, in Abhängigkeit von dem Reichen. Beides soll in Zukunft aufhören, jedem der gleiche Anspruch auf Genuß gesichert sein, keiner mehr um Lohn bei einem privaten Unternehmer arbeiten müssen. Übergang aller Arbeitsmittel in Kollektivbesitz, allgemeine Arbeitspflicht, Organisation und autoritative Leitung der produktiven Arbeit und Verteilung des Arbeitsertrags an die Arbeiter sind die Mittel, welche diesen Zustand herbeiführen sollen. Von ihnen mag das erste auf die geringsten Schwierigkeiten stoßen. Zwar haben sich die Vorhersagungen von einer wachsenden Konzentration der Reichtümer in wenigen Händen, welche die endgültige Expropriation der bisherigen Exproprateure erleichtern sollte, bisher nicht erfüllt. Aber man kann sich vorstellen, daß das zur Herrschaft gelangte Proletariat durch Gesetz jedes private Eigentum an andern als Verbrauchsgütern abschafft und Grund und Boden, Bergwerke und Fabriken, Maschinen und der Verarbeitung bedürftige Rohstoffe in Gesamteigentum verwandelt. Auch die allgemeine Arbeitspflicht läßt sich dekretieren, und der Versuch kann gemacht werden, sie zwangsweise durchzuführen. Nur wird sie den Arbeitsfähigen angesonnen werden, also nicht den Kindern und nicht den gebrechlichen Alten. Das ist selbstverständlich, aber es läßt doch sogleich einen Wermutstropfen in den Freudenbecher fallen. Denn vollständig wird danach das arbeitslose Einkommen auch in Zukunft nicht in Wegfall kommen, auch dann noch wird sich der Arbeiter einen Abzug vom Ertrage seiner Arbeit gefallen lassen müssen, wodurch der Unterhalt der nicht Arbeitsfähigen bestritten wird. Auch wer selbst keine Kinder hat, muß für Erziehung und Pflege der Kinder, auch wessen Eltern längst gestorben sind, für den Unterhalt der alten Leute beisteuern.

Weit schwieriger wird sich die Organisation der Arbeit gestalten. Zweierlei kommt dabei in Betracht, die Anpassung der Produktion an den Bedarf und die Zuweisung der verschiedenen und mannigfaltigen Arbeitsleistungen an die einzelnen Arbeiter.

Über die heutige anarchische Produktionsweise kann man leicht schelten, sie bietet dafür genügende Angriffspunkte. Was den Privatmann zu einem wirtschaftlichen Unternehmen bestimmt, ist die Absicht, zu verdienen. So wirft er sich auf den Produktionszweig, von dem er Erfolg erhofft. Erfüllt sich die Hoffnung, so erweitert er vielleicht sein Unternehmen, um noch mehr zu verdienen. Sein Beispiel lockt andere auf die gleiche Bahn, ein Unternehmen reiht sich an das andere, Arbeiter werden von nah und fern herangezogen, der Markt wird mit Waren überschwemmt, die Preise sinken, der Absatz stockt. Nun wird die Produktion eingeschränkt, Arbeiter werden entlassen, verwandte Produktionszweige in die Krise hineingezogen. Große Vermögen gehen verloren, Tausende von Arbeitern sinken in Not und Elend. Das ist das Schema eines Verlaufs, der sich in den verschiedenen Industriestaaten nur zu oft schon wiederholt hat. Aber die Frage ist, ob sich das Wort von der autoritativen Leitung der Produktion in die Wirklichkeit überführen läßt. Ihre Aufgabe müßte sein, alles das, aber auch nur das zu produzieren, was den tatsächlich vorhandenen Bedürfnissen entspricht. Sie darf nichts wagen, nichts aufs Spiel setzen, denn die mißglückte Spekulation rächt sich nicht an einem einzelnen Unternehmer, sondern an einer ganzen arbeitenden Bevölkerung. Und das gilt nicht nur von einem, sondern von allen Bedarfsartikeln. Der Umfang sämtlicher in einem größeren oder kleineren Volkskreise wirklich vorhandener Bedürfnisse muß genau festgestellt werden, und da es sich dabei nicht um eine unveränderliche Größe handelt, sondern die Zunahme oder Abnahme der Bevölkerung, der Wechsel des Geschmacks, neue Entdeckungen und Erfindungen jenen Umfang unausgesetzt variieren, so muß auch die Produktion so beweglich, so biegsam undelastisch sein, daß sie sich jeder Veränderung sofort anzuschmiegen imstande ist. Je mehr man sich in Einzelheiten hineinzudeuten versucht, desto deutlicher tritt die Unausführbarkeit hervor.

Wichtiger aber noch ist das andere. Wie soll die Verteilung der Arbeit vor sich gehen? Heute wählt jeder seinen Beruf selbst und nach eigenem Ermessen. Diese Freiheit mag in vielen Fällen eine große Bedeutung nicht haben. Sie wird eingeschränkt durch die Notwendigkeit, um der Lebensnotdurft willen die erste beste Arbeitsgelegenheit zu ergreifen, welche sich bietet. Und auch wo ein solcher Zwang der Not nicht besteht, tun die Verhältnisse, in welche der einzelne hineingeboren ist, der Einfluß von Umgebung und Gewöhnung ein übriges, um der Berufswahl recht enge Grenzen zu stecken. Eine Notlage soll es nun in der neuen Gesellschaft nicht mehr geben. Einem jeden ist die auskömmliche Befriedigung seiner Bedürfnisse gewährleistet, allerdings gegen Erfüllung der Arbeitspflicht, die er mit allen teilt. Aber die Erfüllung dieser Pflicht gestaltet sich sehr verschieden, je nach der Beschaffenheit der Arbeit. Diese kann geistige sein oder körperliche, Arbeit im Freien bei jeder Witterung und Arbeit in gedeckten, wohleingerichteten Räumen, leichte und schwere, reinliche und schmutzige Arbeit. Es ist leeres Gerede, wenn sozialistische Theoretiker oder Romanschreiber versichern, jeder werde sich ganz von selbst derjenigen Arbeit zuwenden, welche seinen Neigungen und Fähigkeiten entsprechen. Viele von den Arbeiten, welche geleistet werden müssen, haben schlechterdings nichts, was irgend jemand anziehen könnte, sie sind widrig, aufreibend, gefährlich. Dann bleibt nur übrig, sie trotzdem anziehend zu machen, indem man sie höher wertet, was bei den maßgebenden Ideen und Einrichtungen des Arbeiterstaats wohl nur durch eine Verkürzung der Arbeitszeit geschehen könnte. Aber am Ende dieses Wegs liegt der vollendete Nonsens. Je widerwärtiger eine Arbeit ist, um so höher gilt sie, um so geringer ist das Quantum von Arbeitszeit und Arbeitskraft, welches dem Bürger des neuen Staats die Befriedigung seiner Bedürfnisse schafft. Erworbene Kenntnisse und Geschicklichkeit und der eigene Wert der Arbeitsleistung kommen nicht in Betracht. Und bei alldem wird ein solches System niemals die Sicherheit gewähren können, daß für alle Arbeitszweige die erforderliche Zahl von Arbeitern vorhanden ist, die für die Gesellschaft unentbehrliche Arbeit also wirtlich geleistet wird. Eine durchgängig geregelte, von Gemeinschafts wegen organisierte Arbeit ist ohne Zwang nicht möglich. Was die Gesamtheit braucht, muß geleistet werden, auch ohne die unterstützende Neigung und gegen den widerstreitenden Willen des einzelnen. Die Anpassung der Produktion an den Bedarf kann nicht von Lust und Laune der Bürger abhängen, die Obrigkeit im sozialistischen Staate muß in der Lage sein, jederzeit und überall über die erforderliche Anzahl von Arbeiterhänden zu verfügen. Die allgemeine Arbeitspflicht wird zum drückenden Zwang, der jede Arbeitsfreudigkeit, jedes Hineinlegen der eigenen Persönlichkeit, jeden spornenden Wetteifer, jeden Wagemut und jeden Erfindertrieb ausschließt.

Und wozu das alles? Damit alle den gleichen Anteil am Genuß der Erdengüter haben. Das aber schließt eine weitere, ganz ebenso schwierige Aufgabe ein. Denn wie soll die Aneignung oder Zueignung der Gebrauchsgüter geschehen, nach welchem Maßstabe soll verteilt werden? Sollen alle gleichviel erhalten oder jeder nach seinen Bedürfnissen, oder aber jeder nach dem Maße seiner Arbeitsleistung? Die natürliche Ungleichheit der Menschen wird keine Reorganisation der Gesellschaft aus dem Wege räumen. Gleiche Verteilung der Gebrauchsgüter ohne Unterschied der Personen brächte darum in Wahrheit keine Gleichheit, der eine bekäme mehr, als er gebrauchen kann, der andere weniger, als er beanspruchen müßte. Soll aber das persönliche Bedürfnis des einzelnen ausschlaggebend sein, so heißt das die Ungleichheit ausdrücklich sanktionieren. Und wie will man dem Neide derer begegnen, welche weniger bekommen, wenn sie nicht zugleich auch weniger arbeiten müssen? Wer entscheidet ferner über den Umfang der Bedürfnisse und den darauf begründeten Anspruch auf Befriedigung? So scheint der einzig gangbare Weg der der Verteilung nach dem Maße der Arbeitsleistung zu sein. Auch kommt ja dazu, daß die Kritik der heutigen Gesellschaftsordnung, durch welche die sozialistische Propaganda die Leidenschaften entflammt, sich mit besonderem Eifer gegen die wucherische Ausbeutung wendet, welche den Arbeiter um den Ertrag seiner Arbeit betrügt und den größeren Teil als mühelosen Gewinn dem Unternehmer zufallen läßt. Die autoritativ geleitete Produktion auf kollektivistischer Grundlage müßte also vor allem hier Wandel schaffen. Aber wenn sie auch den verhaßten Unternehmergewinn ausschaltet, so ist sie trotzdem nicht imstande, dem Arbeiter den vollen Ertrag seiner Arbeit zuzuwenden.

Denn es müssen, worauf schon hingewiesen wurde, doch auch die unterhalten werden, die noch nicht, und die andern, die nicht mehr arbeitsfähig sind. Aber die Unterhaltungspflicht gegenüber Kindern und Invaliden begründet nicht den einzigen Abzug, welchen sich der Arbeiter gefallen lassen muß. Es mag ja sein, daß in der eigentlich produktiven Arbeit sich in Zukunft mit Hilfe vervollkommneter Maschinen alles mühelos, ja spielend vollzieht und eine Lernzeit nicht erst erforderlich ist. Aber unzweifelhaft wird es noch Funktionen des Gemeinschaftslebens geben müssen, bei denen dies so nicht der Fall ist. Die Propheten des Sozialismus verkünden, daß es in der erneuten Gesellschaft keine Verbrecher mehr gebe, weil alle Not verschwunden ist, und daher auch keine Verwendung für Richter und Polizeibeamte. Solch kindliche Träume mögen ungestört bleiben. Aber die Behauptung, daß auch alle Krankheiten verschwunden sein werden, wird schwerlich jemand wagen. Alsdann werden die Menschen der Ärzte bedürfen, ärztliche Kunst erwirbt sich aber nicht ohne langen Lehrgang, währenddessen die zukünftigen Jünger Äskulaps von der Gesamtheit unterhalten werden müssen. Und wie ist es mit andern gelehrten Berufen, wie mit der Kunst? Von zweien eins: entweder die angeblich verbesserte Gesellschaftsordnung verzichtet auf alle höhere Kultur, auf jedes gesteigerte geistige Leben, oder aber, wenn sie das nicht will, so muß sie für gelehrte Schulen, für Universitäten mit allem Zubehör, für Kunstakademien und Bildungsanstalten jeder Art Sorge tragen und nicht minder für den Unterhalt von Studierenden und Lehrenden aufkommen, die selbst an der Produktion der Verbrauchsgüter keinen Anteil haben. Damit ist es also ein für allemal nichts, daß der Arbeiter den vollen Ertrag seiner Arbeit erhalten wird. Man muß einen Maßstab ersinnen, um danach den Wert der geleisteten Arbeit abzuschätzen und zugleich den Anspruch nach Quantität und Qualität zu bestimmen, welchen der Arbeiter durch seine Leistung erworben hat. Man kann versuchen, in den aufzustellenden Tarif auch die Kopfarbeit einzureihen, wie aber soll dann noch die Gleichheit der Genossen gewahrt werden? Auch hier gelangt man zu absurden Konsequenzen. Die allgemeine gleiche Arbeitspflicht verlangt, daß von einem jeden die Leistung eines bestimmten, durch verwickelte Berechnung festzusetzenden Arbeitsquantums gefordert wird. Zugleich aber muß Vorsorge getroffen werden, daß keiner durch gesteigerte Arbeit einen erhöhten Anspruch auf Verbrauchsgüter erwirbt. Er könnte den Überschuß aufspeichern oder austauschen und sich so wieder nach irgendeiner Richtung eine bevorzugte Stellung verschaffen. Die angestrebte systematische Regelung der Gütererzeugung und Güterverteilung wäre gleichbedeutend mit der Aufrichtung eines ungeheuerlichen Systems von Bevormundung, Überwachung und Freiheitsbeschränkung.

Und wozu das alles? Eine völlige Ausgleichung der Lebenslose ist nicht zu erreichen. Zwar ist die Abhängigkeit des Arbeiters vom Unternehmer, des Dieners von seinem Herrn beseitigt, dafür aber müssen die Leiter der Produktion und der Güterverteilung mit einer Machtvollkommenheit ausgestattet sein, welche weit über die des absoluten Königtums hinausgeht. Die Freiheit wird vernichtet und die Gleichheit nicht gewonnen, – ist es dann vielleicht die Gerechtigkeit, welche eine solche Umgestaltung der Gesellschaft verlangt? Nur im Vorübergehen soll nochmals daran erinnert werden, daß, wer auf dem Standpunkte der mechanisch-materialistischen Weltansicht steht, sich nicht auf die Gerechtigkeit berufen darf. Dort hat ein jeder soviel Recht, als er Macht besitzt, warum soll er ganz oder teilweise zugunsten der Schwachen darauf verzichten? Wenn das Proletariat zur ausschlaggebenden Macht gelangt ist und Hand auf die sämtlichen Produktionsmittel legt, so geschieht es im Namen der Macht, nicht in dem der Gerechtigkeit. Gerechtigkeit besagt, daß jedem das Seine werden solle, nicht daß alle gleichviel erhalten müssen. In einem früheren Kapitel ist der Umfang von Rechten festgestellt worden, die sich auf dem entgegengesetzten, dem theistisch-teleologischen Standpunkte aus dem Wesen der menschlichen Persönlichkeit herleiten lassen, – der Anspruch auf gleichen Anteil an Besitz und Genuß der Erdengüter fand sich darunter nicht. Ich wüßte in der Tat nicht, wie ein solcher Anspruch begründet werden könnte. Denn das Ziel des Menschen, die vollendete Auswirkung der menschlichen Persönlichkeit, kann unter ganz verschiedenen äußeren

Lebensbedingungen erreicht werden und ist nicht an ein bestimmtes Maß von Glücksgütern oder gesteigerter Bedürfnisbefriedigung gebunden.
Mechanisch-materialistische Weltanschauung ist notwendig individualistisch. Für sie gibt es keinen höheren Wert als das Eigenleben, keinen Zweck, der über dem Individuum stände. Daher sind hier alle menschlichen Vergesellschaftungen Machtverhältnisse, Abhängigkeit bedeutet Schwäche und wird als Druck empfunden. Dem Mann unterwirft sich das schwächere Weib, aber die zum Bewußtsein ihres eigenen Könnens Gelangte will nicht länger untertan sein. Im Arbeitsverhältnis tauscht der Grundbesitzer, der Gewerbeunternehmer, der Dienstherr Arbeitsleistungen ein gegen Lohn. Aber der sozialistische Arbeiter empört sich gegen die Lohnarbeit, weil sie Abhängigkeit einschließt: er will nicht dienen. Ist er es doch, der, wie die sozialistische Irrlehre verkündet, alle Werte schafft. Alle Räder stehen still, wenn sein starker Arm sie stillstehen heißt!

Aber die Welt ist von Zwecken beherrscht! Die Verbindung von Mann und Frau ist in der Natur begründet, die Ehe ist ein heiliges Institut zur Erhaltung und Erziehung des Menschengeschlechts, sie ist kein bloßer Vertrag und noch weniger ein Machtverhältnis, sie hat ihr eigenes, der Willkür entzogenes Gesetz, dem sich Mann und Frau um der sittlichen Ordnung willen unterwerfen sollen. Wo sie das tun, verschwindet jeder Streit um die Herrschaft vor der schonenden, Helfenden, ausharrenden Liebe. Und ebenso sollen die Menschen in mannigfachen Verkehr miteinander treten, ihre Kräfte zusammenlegen, ihre Leistungen austauschen, weil nur so wahrhaft menschliches Leben sich entfalten, die Natur dem Menschen dienstbar gemacht werden, jede höhere Kultur erblühen kann. Jeder gibt, um zu empfangen, und empfängt, um zu geben. Die Lebensziele des einen verschlingen sich mit denen der andern. Aus ungleichen Elementen und Funktionen erwächst ein harmonisches Ganzes wie im lebenden Organismus. In jeder größeren Familie, in jedem entwickelten Hauswesen wird dies deutlich. In der Unterordnung unter die Autorität des Vaters liegt das Wohl der Kinder begründet. Auch das Gesinde ist ihr unterworfen und zu Dienstleistungen verpflichtet, dafür gewinnt es Unterhalt und Fürsorge und die Zugehörigkeit zu einem Gemeinwesen. Das Wohl der Glieder stammt aus dem Wohl des Ganzen, das sie durch einstimmige Tätigkeit fordern. Wird auch das Ideal nur allzuoft von Leidenschaft und Eigensucht verzerrt, so ist doch nicht jedes Verhältnis von Unterordnung, von Herrschaft und Dienstbarkeit ein Übel, das beseitigt werden müßte. Es ist kein Übel, wo es aus zweckvollem Zusammenwirken stammt und im Geiste der Gerechtigkeit gehandhabt wird. Darin liegt weit mehr als nur die unverkürzte Auszahlung des bedungenen Lohnes. Die Gerechtigkeit fordert Wahrung der vollen Menschenwürde des in Dienst Genommenen, Fernhaltung oder Beseitigung alles dessen, was ihn an der Erfüllung seiner eigenen menschheitlichen Zwecke hindert. Darüber ist an anderer Stelle ausführlich gehandelt worden, denn hier liegen wichtige Aufgaben, welche der Staat als Träger der Rechtsordnung zu erfüllen hat. Wenn er in ganzen Perioden der Geschichte dahinter zurückgeblieben ist und die Gesetzgebung sich den Interessen der Reichen und Mächtigen allzu willfährig gezeigt hat, so kann doch nur maßlose Übertreibung behaupten, daß ganz allgemein das Recht bisher nur der Ausdruck der jeweiligen Machtverhältnisse gewesen sei. Höhnten doch umgekehrt die griechischen Sophisten, das Recht sei eine schlaue Erfindung der Schwachen, um sich dadurch vor den Mächtigen zu schützen. Wird das Recht in seiner Beziehung zur sittlichen Ordnung aufgefaßt, so erscheint in der Tat der Schutz derer, die sich nicht selbst verteidigen können, als eine seiner vornehmsten Aufgaben.

Neben der Pflicht der Gerechtigkeit aber, für deren Erfüllung der Staat mit seiner Zwangsgewalt einzutreten hat, steht die sittliche Pflicht der Nächstenliebe, wie das Christentum sie von Anfang an eingeschärft hat und immer aufs neue einschärft. Sie vor allem ist berufen und befähigt, alles Harte und Bittere wegzunehmen, was ein Abhängigkeitsverhältnis einzuschließen vermag, sie überbrückt die Kluft, welche den Armen von dem Reichen scheidet. Aber ein politisches Prinzip ist sie freilich nicht, und den staatlichen Einrichtungen kann sie nicht zugrunde gelegt werden. Aus der Freiheit geboren, widerstrebt sie dem Zwange und der Schablone; wo sie allein

Prinzip des Gemeinschaftslebens sein sollte, stünde sie den Übergriffen des bösen Willens schutzlos gegenüber. Dagegen hat der Staat, wie früher festgestellt wurde, nicht nur die Aufgabe, die Rechtsordnung aufrecht zu erhalten, sondern auch die andere, die allgemeine Wohlfahrt zu pflegen. Darin ist abermals der Schutz der Schwachen als eine der wichtigsten Pflichten eingeschlossen.

Die Ablehnung der falschen Extreme weist auf die richtige Lösung hin. Der Staat soll sich nicht an die Stelle der Gesellschaft setzen, wie der Sozialismus will, denn das würde den Tod alles freiheitlichen Lebens bedeuten. Er soll sich aber auch nicht gleichgültig von der Gesellschaft zurückziehen und den in ihr wirkenden Kräften allein das Feld überlassen, denn das führt unvermeidlich zu einseitiger Entwicklung und läßt wichtige und berechtigte Elemente zurücktreten und verkümmern. Wohl aber kommt ihm die Aufgabe zu, als Vertreter der Allgemeinheit und des Gemeinwohls leitend und ausgleichend in das Gewirre nebeneinander und gegeneinander laufender Strömungen einzutreten. Die innere Politik des modernen Staates muß soziale Politik sein in der allgemeinsten Bedeutung dieses Worts, wonach darunter die Leitung, Förderung und Ausgleichung der verschiedenen Lebenskreise durch den Staat und im Interesse der staatlichen Gemeinschaft zu ver stehen ist. Ausgestattet mit der Macht und den Mitteln der Gesamtheit soll sich der Staat nicht in erdrückender Schwere auf jede erfolgverheißende individuelle Regung, auf jede gedeihliche korporative Betätigung legen, aber er soll auch umgekehrt, wo ein für die Gesamtheit notwendiger oder ersprießlicher Bestandteil der Gesellschaft der ausreichenden eigenen Kraft ermangelt, nicht engherzig seine schützende Hand zurückziehen. Er soll Unternehmungen, welche das Interesse der Gesamtheit erheischt, nicht nur dann selbst zur Ausführung bringen, wenn diese über die Leistungsfähigkeit der einzelnen oder freier Korporationen hinausgeht, sondern auch dann, wenn dies eben im Interesse der Gesamtheit gelegen ist, daß er die Ausführung nicht mächtigen Sondervereinigungen überläßt, deren Übergewicht dadurch gesteigert würde. Regeln, welche restlos auf jeden Einzelfall Anwendung finden könnten, lassen sich nicht geben. Die Politik ist keine Wissenschaft, sondern weit eher eine Kunst. Sie bedarf der weitausschauenden und sorgfältig umschauenden Überlegung, welche alle in Betracht kommenden Faktoren und alle zu erwartenden Folgen sorgfältig abwägt, aber nicht minder der staatsmännischen Intuition, welche mit sicherem Blick das Richtige trifft, um dann mit fester Hand das als richtig Erkannte auszuführen.

Soll das Gesagte zum Schluß noch durch einen kurzen Ausblick auf die realen Verhältnisse illustriert werden, so mag daran erinnert werden, daß die erste und bedeutsamste Gliederung des Volkskörpers durch die verschiedenen Aufgaben der menschlichen Wirtschaft bedingt ist, welche auf die Beschaffung von Urprodukten gehen, auf die Bearbeitung derselben für den Gebrauch und auf den Austausch und Vertrieb jener ursprünglichen und dieser verarbeiteten Produkte. Landwirtschaft, Gewerbe und Handel sind, wenn vom Bergbau ab-gesehen und die Forstwirtschaft mit der Landwirtschaft zusammengenommen wird, die drei Berufstätigkeiten, von denen das entwickelte Wirtschaftsleben eines Volkes abhängt, und zugleich die Grundlagen für die Bildung charakteristisch unterschiedene Berufsstände mit eigenen Interessen. Alle drei stellen bestimmte Anforderungen an den Staat. Kein Staat erträgt es auf die Dauer, in der Beschaffung der Nahrungsmittel ausschließlich oder auch nur überwiegend auf den Überfluß fremder Länder angewiesen zu sein. Der landwirtschaftliche Betrieb aber kann verschiedene Gestalt annehmen. Die extensive Bewirtschaftung, welche ausreichenden Ertrag von weithin sich ausdehnenden Ackerflächen gewinnt, geht allmählich unter dem Zusammenwirken verschiedener Faktoren, unter denen das Anwachsen der Bevölkerung der Nächstliegende ist, in eine immer intensivere über, deren Stufen mit der zunehmenden Zersplitterung des Grundbesitzes mehr oder minder gleichen Schritt halten. An die Stelle des mühevollen und unergiebigen Kleinbetriebs kann dann aber wieder ein mit allen Mitteln der Wissenschaft und Technik ausgestatteter, alle Kräfte konzentrierender Großbetrieb treten. In der Mitte zwischen beiden Extremen liegt der spezifisch bäuerliche Wirtschaftsbetrieb, auf ihm beruht der Bauernstand mit seiner auszeichnenden Eigentümlichkeit und seiner Bedeutung für das staatliche Gemeinleben.

In der Landwirtschaft tritt menschliche Intelligenz und Arbeit mit den Kräften der Natur in Verbindung. Aber die ersteren bleiben stets den letzteren untergeordnet, sie müssen sich ihnen anpassen und können sie niemals völlig ihrer Herrschaft unterwerfen. Daraus folgt, daß die landwirtschaftliche Betätigung stets eine einförmige bleibt, daß die Grenzen, bis zu welchen der Ertrag derselben sich steigern läßt, verhältnismäßig enge gezogen sind, und das wirkliche Ergebnis zuletzt von einer höheren Macht abhängt. Stetigkeit der Lebensgewohnheiten, Einfachheit der Sitten, zähes Festhalten am Althergebrachten, enge Verbindung der Personen und noch mehr der Familien mit Hof und Heimat, lebendiges Bewußtsein jener Abhängigkeit sind daher die dem Bauernstande eigentümlichen Merkmale, welche ihn als einen Stand des Beharrens zur kräftigsten Stütze der Ordnung und zur vornehmsten Quelle der Volkskraft machen. Hieraus ergibt sich das sozialpolitische Problem, mit der möglichsten Förderung der landwirtschaftlichen Produktion die Aufrechterhaltung und Förderung des Bauernstandes zu vereinigen. Denn während die erstere auf Konzentration der Kräfte, Anwendung von Maschinen, Anpassung an die Bedürfnisse des Weltmarkts, kurz auf den kapitalistischen Großbetrieb hindrängt, zieht eben dieser als seine natürliche Folge die Verkümmerung des selbständigen kleineren Grundbesitzes und das Anwachsen des ländlichen Proletariats nach sich. Dies aber liegt nicht im Interesse der Gesamtheit. Die blühendste Entwicklung der landwirtschaftlichen Produktion könnte den Mangel eines kräftigen Bauernstandes nicht ersetzen. Läßt sich ein solcher auch nicht, wo er fehlt, durch staatliche Maßnahmen erzwingen, so kann doch vieles zur Erhaltung und Stärkung des vorhandenen geschehen. Eine verständige Agrargesetzgebung kann die Besitz- und Erwerbsverhältnisse, insbesondere auch den Erbgang in einer den besonderen Zwecken und Bedürfnissen des Bauernstandes angemessenen Weise regeln. Durch seine Landeskulturgesetzgebung kann der Staat eine rationelle Bewirtschaftung der bäuerlichen Güter befördern, er kann für billigen Kredit und für die Verbreitung nützlicher Kenntnisse Sorge tragen und durch seine Zoll- und Verkehrspolitik die einheimische Produktion gegen die Konkurrenz des unter günstigeren

Bedingungen produzierenden Auslandes schützen. Finden sich die bäuerlichen Kreise selbst zur Erfüllung der einen oder anderen der bezeichneten Aufgaben in korporativen Verbänden zusammen, so soll der Staat ihnen jede Hilfe angedeihen lassen und auch mit den Mitteln der Gesamtheit nicht zurückhalten.

In der gewerblichen Produktion verarbeitet menschliche Kraft und Intelligenz die gewonnenen Stoffe für den Gebrauch. Auch hierbei ist die Naturordnung maßgebend, aber durch Isolierung und willkürliche Verwendung der einzelnen Kräfte vermag der Mensch dieselben vollkommener seinen Absichten dienstbar zu machen, und in der Herstellung des Produkts überwiegt die menschliche Leistung mehr oder minder den von der Natur gelieferten Beitrag. Die Herstellung geschieht ferner von seiten des Verfertigers nicht in der Absicht, das Produkt in eigenen Gebrauch zu nehmen, sondern um durch Austausch oder Verkauf desselben den eigenen Lebensunterhalt zu gewinnen. Das Gewerbe bezeichnet daher dem Landbau gegenüber eine höhere Stufe der wirtschaftlichen Entwicklung. Es fordert neben dem Produzenten ein konsumierendes Publikum, welches die gefertigten Waren kauft. Der Preis der letzteren bestimmt sich daher nicht allein durch den berechtigten Anspruch des Produzenten, mit den Seinigen sicher und auskömmlich existieren zu können, sondern auch durch das Bedürfnis der übrigen, welches durch die gelieferte Arbeit befriedigt werden soll. Mit dem Aufkommen eines selbständigen Gewerbestandes entsteht daher die Frage, ob der Absatz der Produkte dem freien Wettbewerb überlassen oder autoritativ geregelt werden soll. Im ersten Falle richtet sich der Preis derselben nach dem Verhältnis von Angebot und Nachfrage, er kann daher unter Umständen unter die Höhe der Produktionskosten herabsinken, so daß der Produzent dabei nicht bestehen kann. Im andern Falle richtet sich, wie dies das mittelalterliche Zunftwesen bezweckte, das Bestreben dahin, das Interesse des Produzenten zu schützen.

Die gewerbliche Produktion geschieht entweder in der Weise des alten Handwerks oder in der der modernen Großindustrie. Dort ist der Handwerksmeister Unternehmer und Arbeiter zugleich und seine

Lebenshaltung von der seiner Gehilfen nicht wesentlich verschieden. Durch vereinte Arbeit wird das Arbeitsprodukt angefertigt. Die Herstellung erfordert eine Vielheit und Mannigfaltigkeit von Arbeiten, welche erlernt werden müssen, und in deren Ausübung sich die individuelle Tüchtigkeit des Arbeiters erprobt. Das Arbeitsprodukt stellt zugleich eine abschließende Leistung, ein in seiner Art vollendetes Ganzes dar und ist daher fähig, Gegenstand hingebender, liebevoller Tätigkeit und eines berechtigten Handwerkerstolzes zu sein. In der Industrie ist alles anders. Der Unternehmer ist nicht selbst Arbeiter. Ihm, dem Kapitalisten, der die Arbeitsräume baut, die Maschinen aufstellt, die Rohstoffe ankauft, steht die große Zahl der Lohnarbeiter gegenüber. Durchgeführte Arbeitsteilung in Verbindung mit der Kraft, Schnelligkeit und Präzision der Maschinen ermöglicht billige Massenproduktion, beseitigt aber jedes individuelle Moment aus der Arbeitsleistung und macht lange Lernzeit überflüssig. Wo die Industrie mit dem Handwerk auf dem gleichen Produktionsgebiete in Konkurrenz tritt, pflegt sie den Sieg davonzutragen. Dagegen behauptet sich das Handwerk, wo es sich nicht um den Massenverbrauch, sondern um die Befriedigung individueller Bedürfnisse handelt.

Was nun die Aufgabe des Staats der gewerblichen Produktion und dem Gewerbestande gegenüber betrifft, so kann diese unter den heutigen Verhältnissen nicht darin bestehen, die Bevölkerung mit möglichst preiswürdigen Gewerbeerzeugnissen zu versehen, und noch weniger, eine veraltete Produktionsweise im Interesse der Produzenten durch gesetzliche Maßnahmen am Leben zu erhalten. Er würde zudem auf die Dauer damit keinen Erfolg haben. Dagegen ist das allgemeine Interesse insofern durch einen Rückgang des Handwerks berührt, als der Mittelstand, dessen Erhaltung für jedes Staatswesen von großer Bedeutung ist, zu einem erheblichen Teile aus Vertretern des Handwerks zu bestehen pflegt. Soweit also die wirtschaftliche Entwicklung seinen Fortbestand ermöglicht, wird der Staat gut tun, dem Handwerk zu Hilfe zu kommen, was wiederum durch Förderung korporativer Verbände, durch Verbreitung nützlicher Kenntnisse und auch durch mancherlei administrative Maßregeln geschehen kann. Weit ungestümer aber als die Handwerkerfrage hat sich die Arbeiterfrage der sozialpolitischen Gesetzgebung aufgedrängt. Davon ist im vorhergehenden wiederholt und eingehend gehandelt worden, und braucht das über die Notwendigkeit, die rechtliche Bedeutung und die Zielpunkte der Arbeitsschutzgesetzgebung Gesagte nicht wiederholt zu werden. Aber die Aufgabe des Staats ist mit derselben nicht erschöpft. Daß Hunderttausende von Lohnarbeitern, in den Industriezentren zusammengedrängt, durch monotone Tagesarbeit ihr Leben fristend, durch Lebensbedingungen und Gewohnheiten und mehr noch durch den Gegensatz gegen die Unternehmer und was wirklich oder vermeintlich mit ihnen zusammengehört, zu einem besonderen Stande mit ausgesprochenem Klassen- oder Standesbewußtsein verfestigt, der revolutionären Propaganda mehr als jeder andere zugänglich, eine Gefahr für die Ruhe und Ordnung des Staats bildet, ist dabei nicht das entscheidende. Nach dem vielmehr, was an die Spitze gestellt wurde, ist der Staat grundsätzlich berufen, in den Widerstreit der sozialen Interessen leitend und ausgleichend einzutreten. Die Bestrebungen der Arbeiter, ihre wirtschaftliche Lage zu verbessern, oftmals im Kampfe mit Blindheit, Engherzigkeit oder offenem Egoismus der Arbeitgeber, darf ihn nicht gleichgültig oder untätig lassen. Soweit solche Bestrebungen berechtigte sind, muß ihnen die Möglichkeit gegeben werden, sich in rechtlichen Formen zu betätigen. Ich denke hier an die Wahrung der Koalitionsfreiheit, an die Einrichtung von Einigungsämtern und Gewerbegerichten. Wären alle Unternehmer vom richtigen Geiste beseelt, wären sie sich ihrer Pflichten den Arbeitern gegenüber im vollen Umfange bewußt, wären sie insbesondere von dem Gedanken durchdrungen, daß die klassenbewußte Arbeiterschaft der Neuzeit nicht Gnadenerweise will, für die sie dankbar sein muß, sondern die Anerkennung verlangt, daß in ihr den Unternehmern ein gleichberechtigter Faktor gegenübersteht, – so könnte der Staat größere Zurückhaltung üben. Solange dies nicht der Fall ist, werden ihm die Befugnis und die Machtmittel zuerkannt werden müssen, nachdrücklich für die Arbeiter als die wirtschaftlich Schwächeren einzutreten. Sodann gehört hierher die Fürsorge für alte, kranke und invalide Arbeiter. Auch hier kann unter den modernen Verhältnissen das Eingreifen des Staats schwerlich entbehrt werden, so bewunderungswürdig auch die Erfolge sind, welche die Selbsttätigkeit der Arbeiter in England und anderwärts davongetragen hat. Daß das Deutsche Reich durch seine großartige und umfassende Arbeiterversicherungsgesetzgebung allen anderen Staaten vorangegangen ist, wird immer einer seiner besten Ruhmestitel bleiben.

Aber nicht nur den Arbeitern der Industrie, auch dieser selbst muß sich das staatliche Interesse zuwenden, denn von ihrer Blüte hängt in der modernen Welt der Reichtum der Staaten ab. Dies geschieht durch eine kluge und sachgemäße Verkehrs- und Handelspolitik.

Der Handel geht auf Austausch und Umsatz der Produkte, der landwirtschaftlichen sowohl wie der gewerblichen. Ursprünglich von der Gütererzeugung nicht getrennt, findet er bei fortschreitender Kultur in der Güterverteilung seinen selbständigen Beruf; es entwickelt sich ein besonderer Handelsstand. Die berechtigte Stellung des Handels im Wirtschaftsleben der Völker beruht darauf, daß er die Kraft der Produzenten steigert, indem er sie von der Sorge um den Absatz befreit, daß er die Produkte dorthin führt, wo Bedarf vorhanden ist und zugleich rückwirkend die Produktion dem Bedürfnisse anpaßt, daß er endlich, indem er die Erzeugnisse der verschiedenen Völker gegeneinander austauscht, zugleich ein Mittel für die Verbreitung höherer Bildung und wahrer Zivilisation wird. Im Gegensatze gegen den Trieb des Beharrens, welcher dem Bauernstande innewohnt, liegt in dem Handelsstande ein Trieb der Bewegung, ein Drang nach räumlicher Ausbreitung, der alle nationalen und geographischen Hindernisse und noch mehr alle künstlich aufgerichteten Schranken zu überwinden strebt. Es ist ferner bezeichnend, daß der Handel frühzeitig zur Ausbildung besonderer, seinen Bedürfnissen angepaßten rechtlichen Bestimmungen und Rechtsinstitutionen hingeführt hat. Seine Möglichkeit und sein Erfolg hängen sodann ab von dem Vorhandensein eines sicher begründeten und wohl geordneten Münzsystems und eines gesicherten Kreditwesens. Für beides muß der Staat mit seiner Autorität und seiner Macht aufkommen. Dem

Handel dienen vornehmlich, wenn auch nicht ausschließlich Land- und Wasserstraßen, Eisenbahnen, Post- und Telegraphenwesen. Alle diese Dinge aber gewinnen bei fortschreitender Kultur, im entwickelten Völkerleben, eine selbständige Bedeutung. Was ursprünglich nur Mittel für den Warenaustausch sein sollte, wird selbst Gegenstand des Handels und der Spekulation. In verhängnisvoller Weise greift das Börsenziel in denselben ein. Das werbende mobile Kapital wird zur obersten Macht, welche Landwirtschaft und Gewerbe in ihren Dienst zieht. Der Mittelstand wird in seiner Existenz bedroht. Gewaltige Reichtümer werden in verhältnismäßig wenigen Händen aufgehäuft. Der Einfluß großer Aktiengesellschaften, Syndikate, Trusts übertrifft gelegentlich den der staatlichen Autorität.

Der einseitig gesteigerten Macht der Handels- und Finanzwelt gegenüber hat der Staat die Pflicht, das Interesse der übrigen Stände zu schützen. Darauf ist schon früher hingewiesen worden. Ebenso auf das andere, was damit enge zusammenhängt, daß der Staat Unternehmungen, welche ihrer Natur nach den Interessen aller dienen sollen, selbst zur Ausführung bringen soll, statt sie privaten Gesellschaften zu ihrem eigenen Vorteil zu überlassen. Er kann damit zugleich, wie beispielsweise durch den Bau und Betrieb der Eisenbahnen, eine Einnahmequelle eröffnen, welche wiederum der Allgemeinheit zugute kommt. Kein theoretisches Vorurteil gegen den Staatsbetrieb, welches aus den Zeiten des ökonomischen Liberalismus übriggeblieben sein mag, kann solchen vitalen Interessen gegenüber ins Feld geführt werden. Möglicherweise wird die Zeit kommen, wo die Übernahme der Bergwerke, insbesondere der Kohlenbergwerke, durch den Staat sich als eine dringende Notwendigkeit herausstellt. Nicht minder hat der Staat die Pflicht, dem eigensüchtigen Interesse des kosmopolitischen Kapitals gegenüber die besonderen Bedürfnisse und die Unabhängigkeit des eigenen Landes und Volkes zu wahren. Die Tendenz des Handels wird stets auf Handelsfreiheit gehen, d. h. auf die Beseitigung aller Hemmungen und Erschwerungen von Einfuhr und Ausfuhr, und diese ist zweifellos zu gewisen Zeiten für gewisse Länder von überwiegendem Nutzen. Ihre Berechtigung hört jedoch auf, wenn wegen der Wettbewerbung des Auslands die einheimische Produktion, nicht nur die landwirtschaftliche, sondern auch diejenige industrielle Produktion nicht mehr aufrecht erhalten werden kann, welcher die Kräfte des Inlands sich naturgemäß zuwenden und welche daher auch nicht leicht durch eine andere die Bevölkerung ernährende Erwerbstätigkeit ersetzt werden kann. Nicht die Durchführung eines von der ökonomischen Theorie aufgestellten abstrakten Systems, sondern die Anpassung an die konkreten Bedingungen und Anforderungen des bestimmten einzelnen Staats ist das Ziel einer richtigen Handelspolitik.

Eine große Zahl von Fragen ist in dem letzten Abschnitte berührt worden, von denen keine zu irgend eingehenderer Erörterung gebracht werden tonnte. Auch war die Absicht nur die, an ihnen die Stellung des Staats zur Gesellschaft deutlich heraustreten zu lassen. Er ist der Vertreter der Gesamtheit und gewinnt daraus den Maßstab, Wert und Bedeutung der einzelnen Lebenskreise zutreffend abzuschätzen. Je nach dem Ergebnis hat er ihnen Schutz und Förderung und kraftvolle Leitung angedeihen zu lassen oder sie in ihre Schranken zurückzuweisen. Zugleich läßt sich erkennen, daß der moderne Kulturstaat mit ganz anderen Machtmitteln und viel weiter gehenden Befugnissen ausgerüstet sein muß, als dies in früheren Perioden erforderlich war. Die Konsequenz ist nicht eben erfreulich, denn gesteigerte Macht hat noch immer den Anreiz in sich getragen, dieselbe auf Gebiete auszudehnen, welche der Freiheit vorbehalten werden sollten. Um dem Mißbrauch der Macht zu steuern, gibt es kein anderes Mittel, als auch das Rechtsbewußtsein in Haupt und Gliedern gleichermaßen zu steigern, damit jede Rechtsverletzung von einer oder der anderen Seite sofort als ein gegen die Gesamtheit gerichteter Angriff empfunden wird.

Gar nicht ist dabei und ist im gesamten Verlauf der Betrachtung von der Kirche die Rede gewesen. Der Grund war nicht der, daß der Kürze halber nur von dem wirtschaftlichen Unterbau des sozialen Lebens die Rede war, nicht von den sich darüber erhebenden und dasselbe durchdringenden idealen Bestrebungen. Die Kirche ist nach

Ziel und Ursprung, nach Form und Inhalt von jedem andern Lebenskreise und jeder natürlichen sozialen Bildung wesentlich verschieden. Um sie in ihrer Eigenart und in ihrem Verhältnisse zum Staate zutreffend zu würdigen, müßten daher auch ganz andere, dem übernatürlichen Glauben entnommene Gesichtspunkte herangezogen werden. Das würde weit über den hier gesteckten Rahmen hinausgeführt haben.

www.ingramcontent.com/pod-product-compliance
Lightning Source LLC
Chambersburg PA
CBHW021954290426
44108CB00012B/1065